발레를 배우며
생각한 것들

발레를 배우며 생각한 것들

33년 차
저널리스트,

우아하고도
단단하게
인생을 건너다

신예리 지음

웅진 지식하우스

내가 JTBC로 가고 나서 가끔씩 놀라면서 입에 올린 말이 있다. "방송이란 게 쉬운 건가 봐. 신문쟁이들이 와서 더 잘하잖아." 아마 그 얘기를 할 때마다 열 번 가운데 일고여덟 번은 신예리를 떠올리면서 했을 것이다. 그의 갑작스러운 퇴직은 그래서 나에겐 충격이었다. 그리고 이어진 놀라움이 발레였다. 발레라니…. 아마도 객기인가 싶었다. 그리고 시간이 지나면서 나도 잊고 있던 차에 그는 불쑥 원고를 내민다. 제목을 보고 또 놀란 건 당연하다. 그가 30년 넘게 빠져 있었던 미디어는 사라지고 그 자리에 발레가 들어앉아 있었으니까. 그와의 인연은 그래서 늘 놀라움의 연속이다. 그러나 놀라는 것은 나의 몫일 뿐, 그의 인생의 착지와 도약은 마치 준비된 것처럼 이어지는 것이다. 그가 발레에서 기본 동작으로 처음 배웠다는 플리에를 이미 오래전부터 터득하고 있었다는 듯.

— **손석희**(전 JTBC 사장 겸 〈뉴스룸〉 앵커)

평균 퇴직 49.3세, 평균 수명은 82.7세. 퇴직 후 세월이 무려 30년 넘습니다. '무엇을 할 것인가, 어떻게 살 것인가.' 언론사 입사 후 33년을 달려온 저자. 임원이 되었는데 본부가 없어지고 좋아하던 일을 떠나게 되었답니다. '머리가 복잡할 땐 몸을 움직여야지.' 기초반 등록 후 1년의 발레 분투기 『발레를 배우며 생각한 것들』에는 기자로, 앵커로, 엄마로 살아온 저자의 55년이 담겨 있습니다. 해보지 않아 두렵긴 하지만 해봐야 알 수 있고 할 수 있는 것. 우리가 살아온 인생도 그런 것이었죠. "넘어져봐야 일어날 수 있습니다. 괜찮으면 일어나보세요. 언제까지 주저앉아 계실 겁니까?" 발레 선생님 말씀이었답니다. 그래요. 뭘 망설이세요. 앞으로의 세월, 높이 솟아오르려면 한껏 웅크렸다 다시 시작하면 되는데요.

— **이금희**(방송인, 『우리, 편하게 말해요』 저자)

신예리 선배님을 생각하면 가장 먼저 떠오르는 단어는 '에너지'입니다. 〈차이나는 클라스〉라는 프로그램을 탄생시키고 긴 시간을 달리게 해준 가장 큰 원동력이었던 선배님께 찾아온 인생의 새로운 페이지! 그는 어떤 모습으로 아직 뜨거운 그의 에너지를 발전시켜 나갈까. 이 책장을 넘기며 함께 느껴보시길 바랍니다.

— **오상진**(방송인)

더 높이
뛰어오르기 위한
플리에를 하다

발레 수업은 언제나 플리에(plié, 무릎을 굽혀 몸의 중심을 낮추는 동작)와 함께 시작된다. 한 손 혹은 양손으로 바(barre)를 붙잡고 몸통을 꼿꼿이 세운 채 무릎을 굽혔다 펴는 동작을 여러 번 되풀이한다. 긴장 반 설렘 반으로 발레 학원에 찾아가 생애 첫 수업을 듣던 날, 플리에 시범을 보여준 뒤 선생님이 물으셨다. "혹시 플리에를 하는 이유가 뭔지 아시는 분 있나요?" 한동안 정적이 흐르길래 내가 조심스레 답을 던져봤다. "혹시 도약을 하기 위한 것 아닌가요?" 긴가민가했는데 정답이라고 했다. 그러고 보니 양 무릎을 바깥쪽으로 구부리는 자세가 흡사 점프하기 직전 개구리의 모습을 닮은 것 같아 피식 웃음이 났다.

플리에는 발레에서 크고 작은 점프를 하기 위한 준비 동작으로 두루 쓰인다. 무릎을 깊이 구부리지 않으면 절대로 높이 뛰어오를 수가 없기 때문이다. 발레 수업을 받은 지 얼마 지나지 않았을 때, 점프하는 내 모습을 본 선생님은 "왜 위로 높이 뛰질 못하고 계속 땅바닥에 붙어 있느냐"는 지적을 자주 하셨다. "몸무게가 많이 나가서 그렇다"고 볼멘소리를 할라치면, 선생님은 "그게 아니라 플리에를 제대로 하지 않아서"라며 꼬박꼬박 자세를 바로잡아주셨다. 플리에 동작이 몸에 익숙해지면서 점프력이 좋아진 건지 신기하게도 요즘은 예전보다 머리 하나만큼은 높이 뛸 수 있게 되었다.

그런데 이 플리에에는 중요한 존재 이유가 하나 더 있다. 중력의 지배를 받는 지상 위 모든 존재들처럼, 제아무리 높게 뛰어오른 사람이라도 언젠가는 다시 땅으로 내려와야 하는 법. 그럴 때 다리를 뻣뻣이 편 채로 바닥에 발을 딛는다면 관절에 충격이 고스란히 전해져 다치게 된다. 부상을 피해 안전하게 착지하기 위해서도 무릎을 굽히는 동작이 반드시 필요한 것이다.

수업 때마다 이 얘기를 귀에 못이 박히도록 듣고 또 들으면서 비단 발레할 때뿐 아니라 인생의 많은 고비마다 플리에에

가 필요하겠다는 생각을 하게 됐다. 우리 모두 저마다 살아가는 동안에 안전한 착지와 새로운 도약을 해야 할 순간을 수없이 마주칠 수밖에 없으니 말이다.

지금부터 꼭 1년 전, 회사 기자 후배들 몇몇과 송별 저녁 자리를 가졌다. 무려 33년간 숨 가쁘게 일해온 내가 느닷없는 퇴직 통보와 함께 일종의 안식년에 들어가게 되면서다. 다들 걱정스러운지 잔뜩 불안한 표정으로 "괜찮으시냐?"고 거듭해서 물었다. 입사한 뒤 1년에 1주일 이상 휴가를 써본 기억이 가물가물하고, 심지어 일손이 달린다는 연락에 출산 후에도 불과 한 달여 만에 회사로 달려 나갔던 사람이 바로 나다. 지금은 그게 결코 자랑할 거리가 못 되지만, 당시는 개인 사정보다 무조건 회사 일을 우선시하는 게 미덕으로 여겨지던 시절이었다. 일에 대한 나의 한없는 애정과 그간의 개인사를 속속들이 아는 사이이기에, 혹여 내가 삶의 의미라도 잃은 듯 좌절하고 있을까 봐 후배들이 염려하는 것도 당연했다.

그때 그녀들에게 난 "뜻밖에 괜찮다"고 대답했다. 모처럼 시간이 난 김에 오랫동안 로망으로 간직했던 발레를 배우기 시작했다고, 그 발레에선 플리에란 동작이 참 중요하다고 말해주었다. 날마다 플리에를 연습하면서 급작스레 달라진 환경에 충격 없이 잘 착지할 수 있었고, 이제 서서히 잘 도약할 준비도 하고 있다고 말이다. 꽤나 생뚱맞게 들렸을지도 모를 내 얘기에 공감 가는 대목이 있었는지 이내 후배들 안색이 조금은 밝아졌다.

스스로 생각해봐도 난 그동안 정말 쉼 없이 달려왔다. 좋아하는 사람들과 좋아하는 일을 하면서 좋은 평가를 받는 게 너무 좋았다. 그런 상황을 가능하면 오래오래 지속하고 싶어서 힘든 줄도 모르고 지칠 새도 없이 자신을 몰아붙여왔다. 누구나 올라가면 내려오는 순간을 맞이할 수밖에 없다는 걸, 갑자기 내가 맡고 있던 본부가 해체되고 본부장 자리에서 물러나는 구조조정을 겪으며 비로소 실감하게 됐다. 얼마 지나지 않아 회사가 전사적인 대규모 감원 방침을 발표하면서 어려운 경영 사정이 속속들이 공개되었지만, 누구도 그런 상황까지 벌어질 줄 예견하지 못했다. 늘 그래왔듯 앞만 보고 전속력으로 질주하고 있던 나로선 속도를 채 줄일 겨를도 없이 급정지를 하게 된 셈이다.

처음 본부장 발령과 함께 임원으로 승진하던 날, 22살에 입사한 첫 직장에서 60세 정년을 채우겠다는 오랜 꿈이 깨질지 모른다는 예감이 들긴 했다. 요즘 세상에 60세 정년을 채울 수 있는 일자리가 드물기도 하거니와, '임원=임시 직원'이라는 말처럼 회사가 어려워지면 임원부터 1순위 정리 대상이 되는 법이니 말이다. 우려가 머지않아 현실로 닥쳐왔다. 우리나라 나이로 55세, 만 나이로는 54세 때였다.

주변 동료들이며 지인들은 인생 2막을 운운하기엔 내가 아직 너무 젊다며 너나없이 안타까워했다. 하지만 국내 근로자들의 평균 퇴직 연령이 49.3세(2022년 기준)라는 조사 결과에 비춰 보면 나는 그나마 많이 버텼다고 볼 수 있다. 1990년 입사 당시 역대 최연소 기록을 세웠을 정도로 워낙 일을 빨리 시작했으니, 웬만한 정년퇴직자 못지않게 오래 일하기도 했다.

난 남들이 뭐라 하든 일말의 아쉬움일랑 홀홀 털어내버리자고 마음을 굳게 다잡았다. 그러자면 새로운 루틴이 필요했다. 날마다 아침 일찍 일어나 출근하던 일상을 대체할 다른 무언가를 찾아내야 한다는 생각이 들었다. 마지막 출근 날, 눈물이 그렁그렁한 채 내 방으로 인사하러 온 후배 PD인 J와 대화를 나누던 중 문득 해답의 실마리가 떠올랐다. "잘 지내셔야 돼요. 속상하다고 술 너무 많이 드시지 말고요." "걱정마. 나는 기분 나쁠 때는 술 안 마셔. 기쁘고 즐거울 때 마시지. 우울하면 차라리 운동을 하는 게 좋아. 머리가 복잡할 때는 몸 쓰는 게 약이거든."

맞다, 바로 그거다! 과로로 서른이 넘자마자 일찌감치 건강에 적신호가 켜진 이후 꾸준히 헬스와 요가 등으로 몸 관리를 해온 나였다. 스트레스가 극심할 때에는 무조건 나가서 한 시간쯤 걷고 뛰는 것으로 풀곤 했다. 그런데 이번엔 그 정도의 무난한 운동으론 해결될 것 같지 않았다. 무려 33년간 열과 성을 쏟아온 직장생활과 미련 없이 결별하려는 참이다. 내가 처한 현실의 무게를 완전히 잊게 해줄 훨씬 강력한 도전이 필요했다. 몸을 많이 쓰는 일인데 이전엔 한 번도 해본 적이 없을 것, 거기에다 만만치 않게 힘들어서 완전히 몰두할 수밖에 없을 것. 그런 조건들을 모두 충족시키는 게 과연 뭘까 헤아리다가 가장 먼저 떠오른 것이 발레였다.

'그래, 이때가 아니면 언제 해보겠어. 남은 인생 중 가장 젊은 때가 지금이잖아. 눈 딱 감고 용기 내서 시작해보는 거야.' 마음 바뀌기 전에 곧장 집 근처 발레 학원을 찾아가서 선생님께 물었다. 발레를 난생처음 배우려 한다고, 나이가 좀 있는 편인데 괜찮겠느냐고. 선생님은 일단 한번 참여해보라는 말로 대답을 대신했다. 잔뜩 긴장한 채 들어간 바로 그 첫 수업에서 플리에라는 동작을 마주하게 됐다. 도약과 착지에 대한 설명을 들으면서 남몰래 속으로 얼마나 울컥했던지!

그렇게 쉰다섯이라는 적지 않은 나이에 처음 발레에 발을 내디딘 이후 나는 낯선 몸의 언어를 하나하나 익혀나가며 새삼 스스로를 재정비하는 시간을 보내고 있다. '입구는 있어도 출구는 없다'는 발레의 매력에 푹 빠져 하루하루를 활기차게 살아가면서, 1년 전 그때 내 선택이 참으로 옳았다는 걸 날마다 실감한다.

요즘 나의 하루는 발레로 시작한다. 숨 가쁜 출근길에 몸을 던지는 대신 집에서 여유 있게 스트레칭으로 몸을 풀어준 뒤 발레 학원에 간다. 오전 수업을 마치고 돌아오면 새롭게 시작한 일들을 한다. 대학에서 겸임 교수로서 학생들을 가르치고 있고, 비영리 학술재단의 자문 위원이 되어 지식 나눔 콘텐츠를 만드는 데도 참여한다. 이 밖에도 여러 제안이 이어지고 있어서 앞으로 인생 2막에서 얼마나 흥미로운 도전들을 하게 될지 자못 기대가 된다. '신은 문을 닫으면 창문을 열어주신다'는 말이 있던데, 내겐 발레를 통해 그 문이 활짝 열린 셈이다.
그렇게 아무 준비 없이 날개 꺾인 새처럼 바닥으로 곤두박질칠 뻔했던 나는, 다행히 그때 그 순간에 발레라는 낯선 세계를 만나 안착하게 됐다. 만약 내가 상실감에 털썩 주저앉아버렸다면 결코 일어나지 않았을 일이다. 원치 않는 퇴직을 하게 된 데 절망하고, 적지 않은 나이에 새롭게 뭘 할 수 있을까

지레 포기했다면 말이다. 다행히 나는 제대로 플리에를 해냈던 것 같다. 최대한 몸을 낮춰 상처를 덜 받을 수 있게 땅에 발을 디뎠고, 연이어 낮은 자세에서 박차고 올라 생소한 세계로 성큼 들어섰던 거다.

누구든 살다 보면 예기치 않은 시련에 낙담하고, 미래가 보이지 않아 눈앞이 캄캄한 순간을 맞게 될 수 있다. 언젠가 그런 때가 온다면 이 말을 꼭 기억했으면 좋겠다.

'바닥에 떨어지는 바로 그 순간에 플리에를 하세요. 높이 뛰어오르기 위해선 깊이 구부리는 시간이 반드시 필요하답니다.'

차례

쉰다섯,
처음
발레 슈즈를
신다

1부

오랜 세월 몸에 밴 익숙한 습관 대신
불편하고 힘든 방법으로 근육을 단련해나간다.
그렇게 온몸으로
새로운 세상과 마주할 준비를 한다.

쓰지 않던
근육을 쓸 때
비로소 변화가
시작된다

○

turnout

(턴아웃)

고관절부터 시작해 다리와 무릎, 발이
몸 바깥쪽으로 회전된 상태. 모든 발레
동작의 기본이 되는 자세다.

사람은 누구나 변화보다는 안주를 선호하기 마련이다. 관성에 따라 어제와 같은 오늘, 오늘과 같은 내일을 살아가는 게 편하니 말이다. 나도 마찬가지다. 33년간 한 일터에서 장기근속하다 보니 익숙한 사람들과 익숙한 환경에서 익숙한 일을 하며 느끼는 안온함에 길들어 있었다. 신문에서 방송으로 옮긴 데 이어 디지털 분야까지 업무 영역을 넓혔고, 기자와 PD, 앵커로 나름대로 변신을 거듭해오긴 했다. 하지만 어찌 됐든 같은 회사의 울타리 안에서 심리적인 안정을 느껴왔던 건 부인할 수 없는 사실이다.

나로선 더 나은 근무 여건과 더 높은 연봉, 더 신뢰할 만한 리더십 등을 찾아서 직장을 과감히 떠나 새로운 일터로 향하는 이들을 볼 때면 어떻게 다들 그리 용감할 수 있는 건지 의

아스럽기만 했다. 완전히 낯선 환경에서 원점부터 다시 시작한다는 게 도대체 얼마나 힘들지 가늠조차 되지 않았기 때문이다.

그런데 내가 겁도 없이 뛰어든 발레라는 세계는 가만히 제자리에 서 있는 것조차 낯설고 힘들기만 한 도전이었다. 우리가 땅을 딛고 바로 설 때에는 두 발을 11자 형태로 만들어 어깨너비 정도로 벌리고 서는 게 보통이다. 발레는 이런 통념마저 깨뜨린다. 발레를 하기 전엔 절대 해볼 생각조차 안 할 자세를 취하고 흔들림 없이 서는 것부터 몸에 익혀야 한다.

발레 학원에 가면 가장 먼저 배우게 되는 기초 중의 기초가 다섯 가지의 발 자세다. 그중에서도 가장 먼저 취하는 1번 자세는 두 발의 뒤꿈치를 꼭 붙인 채 발끝을 몸의 바깥쪽으로 벌려서 일자가 되도록 서는 것이다. 2번 자세는 이 상태에서 두 발 사이에 발 하나가 들어갈 정도로 벌려서 서는 걸 말한다. 이후 5번 자세까지 발의 위치는 달라지지만 변함없이 유지해야 하는 게 바로 턴아웃(turnout)이다.

정확히 턴아웃을 하려면 발끝뿐 아니라 고관절부터 시작해서 무릎과 발까지 다리 전체를 밖으로 돌려야 한다. 처음 경험하는 사람이라면 적잖이 당황스럽고, 동시에 고통스러울 수밖에 없다. 평소 안 쓰던 근육을 사용해 억지로 자세를 만

들어내야 하는 데다 그 상태를 무너뜨리지 않고 유지하기 위해서도 엄청난 노력이 필요하기 때문이다.

발레 수업을 하면서 선생님들께 제일 많이 지적받는 문제점 역시 단연코 턴아웃이다. "턴아웃이 제대로 안 됐잖아요." "턴아웃 좀 신경 쓰세요." 거의 모든 수강생들이 수업 시간 내내 돌아가며 똑같은 잔소리를 듣는다. 기본적인 발 자세는 물론이고 탕뒤(tendu, 발끝으로 바닥을 쓸면서 앞·옆·뒤로 움직이기)든 데가제(dégagé, 탕뒤를 거쳐 발을 공중으로 뻗기)든 롱 드 장브 (rond de jambe, 한 다리로 땅에서 혹은 공중에서 반원을 그리기)든 하체를 움직이는 어떤 동작이든 턴아웃이 무조건 장착돼 있어야 한다.

하지만 평소엔 다리를 이런 식으로 움직일 일이 전혀 없기 때문에 결코 쉽지가 않고 좀체 익숙해지지도 않는다. 생고생을 하다가 도대체 누가 이리 부자연스러운 자세를 만들어낸 건지 궁금증을 참을 수 없어 여기저기 자료를 찾아봤다. 프랑스 국왕 루이 14세의 발레 스승인 피에르 보샹(Pierre Beauchamp)이 그 장본인이었다. 귀족들의 유희 정도에 머물던 발레가 본격적인 무대 예술로 발전하게 된 게 바로 루이 14세 때다. 왕립 무용아카데미를 세운 것이 그였고, 그의 지원에 힘입어 보샹이 다섯 가지의 발 자세를 포함한 여러 동작과 기술들을 체계적으로 정리해 가르쳤다.

그러니까 이 시기부터 문제의 턴아웃이 시작된 셈인데, 그 연원과 관련해선 이런저런 설들이 있다. 그중 하나는 당시엔 무용수들이 굽이 있는 신발을 신고 춤을 췄는데 이 신발 굽의 섬세한 디자인을 관객들에게 잘 보여주기 위해 발끝이 밖을 향하게 돌려 섰다는 거다. 왕 앞에서 등을 돌리지 않은 채 모든 방향으로 다리를 자유롭게 움직이기 위해 턴아웃이 필요했다는 설도 있다.

그런데 보샹은 원래 턴아웃 자세에서 발을 벌리는 각도가 45도를 넘지 말 것을 강조했다고 한다(국제무용의과학협회, IADMS). 그 시절 무용수들이 굽이 있는 신발을 신었던 터라 과도한 턴아웃을 하기 힘들었기 때문이다. 하지만 시간이 흐르면서 각도가 갈수록 벌어지더니 현재 프로 무용수들은 1번 발 자세에서 두 발이 벌어진 각도가 180도가 되도록, 말 그대로 일직선을 만드는 걸 원칙으로 삼고 있다. 믿기 힘들지만 유연성이 심하게 뛰어난 무용수는 180도 이상의 각도로 턴아웃을 하기도 한단다.

상황이 이렇다 보니 나처럼 취미로 발레를 배우는 사람들까지 덩달아 최대한 넓은 각도로 벌리려고 용을 쓰게 된 것이다. 보샹이 애초에 말한 대로만 턴아웃을 했다면 별문제가 없었을 텐데 누가 누가 더 많이 벌리나 경쟁을 펼친 이전 시대 무용계 종사자들이 원망스럽기만 하다.

생전 안 쓰던 방향으로 다리를 무리하게 돌리다가 간혹 몸을 다치는 이까지 나온다. 나 역시 얼마 전까지 고관절과 골반 쪽 근육 부위에 통증이 한동안 지속됐었는데 아무래도 준비 운동이 덜 된 상태에서 성급하게 턴아웃을 한 탓인 듯하다. 아플까 봐 조심조심하다 보니 현재 1번 자세에서 나의 턴아웃 각도는 150~160도쯤에 머물러 있다.

물론 여기서 더 발전하고 싶은 마음이 굴뚝 같아 턴아웃에 필요한 유연성과 근력 강화용 스트레칭을 틈날 때마다 해준다. 예를 들면 나비 자세와 개구리 자세 같은 것들이다. 가슴과 허리를 곧게 펴고 앉아 허벅지를 바깥쪽으로 열고, 발바닥을 마주 붙인 후 양손으로 발가락을 잡아 몸 가까이 끌어당기는 게 나비 자세다. 이 상태에서 이마가 바닥에 닿도록 몸을 굽힌 뒤 가능한 한 오래 버텨야 한다. 개구리 자세는 다리를 뒤로 뻗어 개구리 뒷다리 모양으로 만들고 양팔은 앞으로 내려놓은 뒤 다리를 서서히 넓히면서 골반과 허벅지를 바닥에 붙이는 걸 말한다.

굳이 부상의 위험을 무릅쓰고 나비나 개구리 흉내까지 내가면서 턴아웃이란 걸 꼭 해야 하는 이유가 뭘까? 턴아웃을 하는 데는 기능적인 이유와 심미적인 이유가 모두 있다. 우선 턴아웃을 제대로 하면 다리의 가동 범위가 넓어지면서 다리를 더 높게 더 멀리 차올릴 수 있게 된다. 또한 다리 안쪽 근육에 단단히 힘이 들어가서 안정적인 자세로 균형을 잡는 것도 가능해진다. 발레의 여러 동작들을 소화하기 위해 필수적인 기능들이다. 게다가 발레에 불필요한 근육들이 정리되며 다리 선이 아름다워지는 효과까지 있다고 하니 아무리 낯설고 힘들어도 감수하는 수밖에.

턴아웃과 함께 일상에서 전혀 해볼 일 없는 발레의 기본자세가 한 가지 더 있으니 바로 푸앵트(pointe)다. 영어의 포인트(point)와 같은 말인데 다리가 길어 보이도록 발가락을 쭉 펴는 걸 말한다. 제대로 푸앵트를 하려면 아킬레스건을 당겨주면서 발등을 최대한 밀어내고 이어서 발가락까지 곧게 펴야 한다. 턴아웃과 마찬가지로 평소엔 전혀 하지 않다가 발레를 할 땐 어떤 동작에서든 항상 푸앵트 상태를 유지해야 하니 정말 골칫거리가 아닐 수 없다. 나 같은 초심자들은 조금만 주의를 기울이지 않으면 자꾸 원래 발 모양으로 돌아가버려서, 수업 중에 "발이 왜 그래요? 푸앵트 어디 갔어요?"라고 지적받는 일이 부지기수다.

푸앵트로 단련된 프로 무용수들의 발을 보면 하나같이 발등에 아치 형태의 곡선을 갖고 있다. 일반인들 눈엔 좀 기묘해 보일지 모르지만 견과류인 캐슈너트와 닮은꼴인 이 발 모양이 발레의 세계에선 가장 아름다운 발이라며 추앙받는다.

어느 날인가 우리 선생님도 아몬드처럼 생긴 내 발을 캐슈너트로 만들고 싶으셨는지 발등을 손으로 붙잡고 늘려서 아주 잠시 동안 발끝이 바닥에 닿은 적이 있다. 악 소리가 나게 아팠는데 지켜보던 다른 선생님과 동료 수강생들이 하나같이 "그렇게 하니 발 모양이 너무 예쁘다"는 거다. 종종 기초반에 들어오는 사람 중에 아치 모양 발등을 타고난 이들이 있는데, 노력 하나 안 들이고 예쁜 발을 거저 갖게 된 그들을 보면 솔직히 부러운 마음이 들기도 한다.

발레에서 푸앵트를 정석으로 하려면 우리나라에선 흔히 토슈즈라고 불리는 푸앵트 슈즈를 신어야 한다. 발가락 끝부분을 단단한 재질로 만들어 문자 그대로 발끝만으로 설 수 있게 만들어주는 신발이다. 취미 발레인이라면 누구나 토슈즈에 대한 로망을 품고 있지만, 훈련이 덜 된 사람들이 신었다간 부상을 입을 것이 불 보듯 뻔하기에 대부분의 발레 수업에선 천으로 된 연습용 슈즈를 신는다.

처음 하이힐을 신었을 때 뒤꿈치가 까져 피가 철철 나고 발가락에 물집이 잡혀서 아팠던 경험이 있을 것이다. 토슈즈를 처음 신을 땐 그걸 뛰어넘는 상상 이상의 고통이 수반된다고 한다. 차라리 로망을 내다 버릴까 싶다가, 이왕 발레를 시작했으니 토슈즈에도 도전해봐야 한다고 욕심이 나다가, 아직 내 마음은 갈대처럼 오락가락하는 중이다.

토슈즈, 즉 푸앵트 슈즈가 발레 역사에 본격적으로 등장한 건 19세기 초 전설적인 발레리나였던 마리 탈리오니(Marie Taglioni)가 신은 채 무대에 오르면서다. 〈지젤〉과 함께 낭만주의 발레의 대표작으로 꼽히는 〈라 실피드〉에서 푸앵트 슈즈를 신고 발끝으로 서서 마치 요정처럼 가볍게 날아다니는 듯한 춤을 추던 그에게선 "중력이 전혀 느껴지지 않았다"고 한다. 사람이 아닌 요정처럼 보이기 위해 그가 얼마나 많은 노력을 기울였을지 직접 보지 못했어도 짐작이 된다.

발레를 배우고 난 이후론 무대 위에 선 발레리나들의 모습을 볼 때면 무대 뒤에서 보낸 수많은 인고의 시간이 고스란히 느껴져 더없이 존경스러우면서도 짠한 마음이 든다. 그처럼 힘겨운 훈련을 거듭해 현실과 동떨어진 비현실적인 아름다움을 만들어내는 것, 그게 다름 아닌 발레의 요체다.

요즘 취미 발레가 20~30대 여성들에게 인기를 모으면서 온라인 커뮤니티에서 논쟁이 불붙었다는 얘기를 전해 들었다. '발레가 너무 아름답다'는 의견과 '발레가 사람 몸을 너무 불편하게 구속한다'는 의견이 팽팽히 맞선다는 것이다. 직접 해본 사람 입장에선 후자 쪽 의견에 공감하지 않을 수 없다. 턴아웃과 푸앵트만 해도 평소와는 전혀 다른 자세를 취해야 하니 힘들고 불편하기 짝이 없다. 오죽하면 한국이 낳은 발레 스타 중 한 명인 아메리칸발레시어터(ABT)의 수석 무용수 서 희도 발레가 비인간적이라는 생각을 밝혔을까. 한 인터뷰에 서 그는 이렇게 말했다.

"가혹하죠. 자연 상태의 인간의 몸을 모두 반대로 쓰는 거 잖아요. 가끔 동작이 왜 이렇게 안 되나 생각하다가 안 되는 게 당연한 게 아닌가 싶을 때도 있어요. 그런데도 제가 발레 를 이렇게 좋아하는 걸 보면 참 답답하고."

'비인간적이고 가혹한' 면이 있는 발레를 나 역시 참 좋아 하게 돼버렸다. 발레가 더할 나위 없이 아름답기 때문이다. 좋아하는 무언가를 위해 어느 정도의 고통과 부상의 리스크 를 감내해야 하는 건 비단 발레에만 해당되는 일은 아니다. 그러니 발레 논쟁의 결론은 각자의 선택의 문제가 아닐까 한 다. 아름다움을 위해 고통을 참을 것인가, 아니면 고통을 피 하기 위해 아름다움을 포기할 것인가.

발레를 하며 턴아웃을 하고 푸앵트를 한다는 건 오랜 세월 몸에 밴 익숙한 습관을 벗어나 완전히 새로운 나로 거듭나는 과정이었다. 그렇게 애써 몸을 불편하고 힘들게 만들어서 얻게 된 건 전혀 예상하지 못했던 변화된 나의 모습이었다.

처음 입사한 직장에서 온실 속 화초처럼 고이 정년을 채운 뒤 무사히 퇴직하고 싶었던 나의 바람은 아쉽게도 이루지 못하게 됐다. 예상 밖의 일이라 처음엔 막막했지만 용기 내서 발레라는 낯선 세계에 발을 내딛고 턴아웃을 하며 평생 써본 적 없는 근육까지 단련하다 보니 웬지 모를 자신감이 차오르기 시작했다. 생전 있는 줄도 몰랐던 허벅지 안쪽 근육마저 꺼내 쓰는 판에 까짓것, 못 할 일이 뭐 있겠나 싶다. 이 나이에 발레도 하는데, 근육통을 참아가며 턴아웃도 하는데 낯선 환경에서 낯선 사람들과 낯선 일을 하는 것쯤 씩씩하게 부딪쳐볼 수 있겠다는 생각이 든다.

낯설고도 아름다울 그 모습을 위해 오늘도 써보지 않던 방향과 방법으로 근육을 단련해나간다. 그렇게 온몸으로 새로운 세상과 마주할 준비를 한다.

55살, 다시
초보로 돌아오다

○

tombé

(통베)

발끝을 바닥에 떨어뜨리며 뻗는 스텝.
파 드 부레(pas de bourrée) 등 다른
스텝과 연결해 이동할 때 주로 쓰인다.

ℓ

　발레를 배우다 보면 수없이 많은 '멘붕'의 순간과 마
주하게 된다. 내게 처음 닥친 시련은 바로 통베(tombé)였다.
아마 두세 번째 수업에서였던 것 같다. 통베도 처음 들어보
는데 파 드 부레(pas de bourrée)라는 동작까지 함께 묶어서
자그마치 통베 파 드 부레라는 걸 해보라고 한다. 이럴 때
"저는 몰라서 못 해요" 같은 호소는 통하지 않는다. 기초반
에서 함께 배우는 수강생들끼리도 저마다 구력이 달라 누구
에겐 익숙한 동작이 다른 사람에겐 낯설 수 있다. 개인 레슨
시간도 아닌데 각자의 수준에 일일이 맞춰달라고 할 순 없는
노릇이니 자기가 모르는 동작이 나와도 눈치껏 흉내 내며 따
라 해야 한다.
　옆 사람을 열심히 곁눈질하면서 어찌어찌 수업을 마친 나

는 제대로 해내지 못한 채 대충 넘어간 문제의 동작이 아무래도 마음에 걸렸다. 그래서 용기를 내서 같은 반 수강생 C에게 말을 걸었다. "죄송한데요. 아까 그 통베 파 드 부레라는 건 도대체 어떻게 하는 거예요? 너무 어려워서 아무리 봐도 잘 모르겠더라고요."

느닷없는 도움 요청에 그이는 좁은 탈의실에서 옷을 갈아입다 말고 일어나 어떻게 팔다리를 움직여야 하는지 내가 이해할 수 있도록 차근차근 알려주었다. 몇 번이나 시범을 보여주면서 앞으론 막히는 동작이 생기면 유튜브의 발레 콘텐츠를 찾아보면서 연습하라고, 그럼 실력이 쑥쑥 늘 거라고 귀한 꿀팁까지 전수했다. 어찌나 고맙던지 몇 번이나 고개 숙여 감사의 인사를 했다.

이후 그의 조언대로 수업 도중 못 따라가는 동작이 나올 때마다 유튜브에서 그 동작을 설명한 영상을 검색하면서 복습을 한다. 다만 유튜브 선생님들마다 각자 가르치는 방식과 내용이 조금씩 달라 초보자 입장에선 오히려 더 헷갈리기도 한다. 그럴 땐 또다시 다른 수강생들에게 SOS를 친다. "턴한 다음엔 발을 앞으로 놓는 거예요, 아니면 뒤로 놓는 거예요?" "안 아방(en avant, 양손으로 가슴선의 바로 아래에서 원 모양을 만드는 자세) 할 때 팔꿈치는 어느 정도까지 올리면 될까요?" 등등 질문 세례를 퍼붓는다.

아무래도 내가 하는 걸 직접 보면서 뭐가 문제인지, 어떻게 하면 나아질지 그네들이 콕콕 짚어주면 훨씬 궁금증이 쉽게 풀린다. 학원 선생님들께도 자주 질문하지만 나와는 완전히 차원이 다른 '넘사벽' 실력자인 그분들은 때로 왜 이리 쉬운 걸 못 따라 하는지 잘 이해를 못 하신다. 나보다 한두 발짝 앞서 있는 동료들이 훌륭한 눈높이 선생님이 되어줄 수 있는 이유다.

내가 다니는 학원이 대학가에 자리 잡고 있어서인지 같은 반 수강생들은 대부분 20~30대다. 학생, 직장인, 육아 휴직 중인 아기 엄마 등 다양한 배경의 청년들과 한데 어울려 일주일에 서너 번씩 발레의 세계를 탐험하고 있다. 흔히 발레를 함께하는 친구들을 '발메(발레 메이트의 준말)'라고 부르는데 무려 20~30년씩 나이 차가 나는 발메들이 여럿 생겼다. 나야 젊은 친구들이 생겨 무지하게 좋지만 혹시 그 친구들이 부담스러워할 수도 있기에 굳이 내 나이를 먼저 밝히지는 않는다.

사실 나이나 직업, 학교, 결혼 여부 등 이런저런 조건과 상관없이 발레를 좋아한다는 공통분모 하나만으로도 서로 친근감을 느끼는 게 취미 발레 세계의 특징이기도 하다. 더구나 발레를 배우는 일이 만만치 않게 어렵다 보니 우리 발메들 사이에는 일종의 전우애 같은 것까지 존재한다. 그래서 수업 중에 누군가 이전보다 발전한 모습을 보이면 마치 자기 일처럼 기뻐하며 박수를 쳐준다. 며칠 전에도 기초반에 새로 들어온 친구가 어려워하던 턴을 처음으로 성공한 순간, 다들 누가 먼저랄 것도 없이 진심 어린 축하를 해주었다.

발레가 기본적으로 어렵기도 하지만 아무래도 나이 탓에 순발력이 떨어지는 건지 나는 남들보다 새로운 동작을 재빨리 터득하지 못할 때가 많다. 그럼 곁눈질하며 겨우겨우 따라 하다가 수업이 끝난 뒤 시간이 나는 발메들을 붙잡고 가르침을 청한다. 일종의 '방과 후 수업'인 셈이다. 종종 점심 사는 걸로 '수업료'를 치르기도 하는데 열심히 몸을 움직인 뒤에 여럿이 함께 먹는 식사는 그야말로 꿀맛이다.

통베 파 드 부레를 알려준 C는 나의 첫 방과 후 선생님이자 마음을 터놓는 절친이 되었다. 발레 외에도 책이며 미술이며 관심 분야가 비슷해 함께하는 시간이 늘 즐겁기만 하다. 나보다 6개월 먼저 발레를 배우기 시작한 터라 내가 농반진반 '선배님'이라고 부르는 K는 늘 야무지게 나의 부족한 점을 지적해주는 고마운 발메다. 발레 동작뿐 아니라 계절에 맞는 발레 연습 복장이 뭔지, 그걸 어디서 싸게 살 수 있는지, 나에게 맞는 사이즈는 무엇인지 초심자는 절대 알 수 없는 유용한 정보들도 꼼꼼하게 일러준다. 중국인 유학생 W도 빼놓을 수 없는 나의 소중한 친구다. 방과 후에 함께 연습을 해주기도 하고 내가 힘들어할 때마다 아낌없이 응원을 해준다.

한번은 파 드 발스 앙 투르낭(pas de valse en tournant, 돌면서 하는 왈츠 스텝)이라는 동작을 수업 중에도, 수업 후 연습 때도 끝내 익히지 못해 "역시 나는 안 되나 보다"라며 좌절한 적이 있었다. 그 모습이 마음에 걸렸는지 그날 저녁 늦게 W가 그 동작을 잘 보여주는 중국어판 동영상을 찾아서 카톡으로 보내주었다. 그것도 "언니 파이팅!"이란 진심 어린 격려 문구와 함께 말이다. 이 친구와는 발레에 대한 갖가지 고민을 나누면서 "꼭 고급반이 되는 그날까지 함께하자"며 우정을 쌓아가고 있다. 재밌는 건 그의 아빠가 나와 동갑이고 심지어 엄마는 나보다도 한 살 어리다는 걸 한참 후에야 서로 알게 된 거다. 하지만 취미 발레의 세계에서 나이가 뭐 대수인가. 우리는 계속 친한 발메이자 언니 동생 사이로 지내기로 했다.

대학 동창들과의 모임에서 이런 얘기를 했더니 청년들과 어우러져 발레를 배우는 것도, 그들에게 스스럼없이 가르침을 구하는 것도 자기들로선 쉽지 않은 일이라면서 다들 "장하다"고 입을 모았다. 한 친구는 최근 발레 수업을 시작했는데 여고 동창들끼리 따로 반을 꾸렸다고 한다. 아무래도 나이도 실력도 비슷한 이들과 함께하는 게 편하고 부담 없기 때문이란다. 그래서 수업 분위기는 어떠냐고, 잘 돌아가느냐고 묻자 "다들 엉망진창이지 뭐"라며 까르르 웃음을 터뜨렸다.

그 말을 듣고 보니 생전 처음 발레에 도전하는 주제에 감히 20~30대가 대다수인 클래스에 겁도 없이 뛰어든 내가 상당히 무모했던 것 같다는 생각이 든다. 이제 와서 얘기지만 처음엔 발레도 잘 못하는 데다 나이도 많은 수강생이라 왕따를 당하면 어떻게 하나 걱정이 아예 들지 않았던 건 아니다. 그래도 어떻게든 버텨낼 수 있지 않을까 내심 믿는 구석이 있기는 했다. 바로 지난 33년간 직장생활 내내 젊은 동료들과 가까이에서 부대끼며 일해온 '짬바'였다. 더욱이 내가 몸담았던 방송 분야는 신선한 감각을 유지하는 게 무엇보다 중요한 업종 아닌가. 방송국은 트렌드에 뒤떨어진 프로그램이나 콘텐츠는 경쟁력을 갖기 어려운 탓에 젊은 세대의 목소리에 귀 기울이려는 분위기가 어느 정도 자리 잡고 있는 편이다.

나도 근무 시간엔 물론이고 일과 후에도 따로 만나 밥도 먹고 술도 마시며 후배들 얘기를 열심히 들으려고 했다. 이 말을 하면 나더러 참 눈치 없는 상사라고, 후배들은 내 법카

(법인카드)만 챙기고 자기들끼리 노는 걸 더 좋아한다고 타박하는 사람들이 있다. 하지만 내 생각은 다르다. 후배들이 싫어하는 건 본인 얘기만 주구장창 늘어놓는 꼰대 상사다. 자기 얘기를 잘 들어주는 선배와는 얼마든지 같이 놀고 싶을 수 있는 거다. 사실 코로나 기간 동안 회식 금지 조치가 내려졌을 때 나보다 우리 본부 후배들이 더 많이 아쉬워하기도 했다.

2022년 초 디지털 분야 업무를 새롭게 시작한 후부터는 젊은 후배들과 소통하며 배워야 할 일이 부쩍 더 늘어났다. 그간 기획·제작해온 강연 프로그램의 브랜드 파워를 TV를 넘어 인터넷까지 확장해보기로 결정하면서다. 문제는 디지털 콘텐츠 제작에서 나는 생초보나 다름없다는 점이었다. 발레를 처음 시작할 때 못지않게 막막했다.

당시 내가 찾은 해결책은 후배 PD들과 날마다 머리를 맞대는 것이었다. 강연 프로그램의 이름을 따온 유튜브 채널을 개설하고 운영해나가는 과정에서 어떻게 하면 구독자 수와 조회 수를 늘릴 수 있을지 후배들의 신선한 의견을 최대한 들으려 했다. 애초에 디지털 콘텐츠 제작팀은 다른 팀보다 훨씬 젊은 PD들로 꾸려놓은 참이었다. 기존의 방송 스타일을 벗어나 인터넷 문법에 맞는 아이디어들을 거침없이 내주길 바랐기 때문이다. 촌스러워 보여도 눈에 확 꽂히는 섬네일과 자막을 뽑아야 한다든지, 디지털 온리 콘텐츠에선 B급 감성을 제대로 살려야 한다든지 이들이 내놓는 제안은 거의 군말 없이 따랐다. 디지털 세계에선 나보다 젊은 후배들이 훨씬 전문가이니 당연한 일이다. 아예 '디지털은 무조건 젊은 PD들이 하자는 대로 한다'는 원칙을 정해놓고 나뿐 아니라 다른 동료들도 따르도록 독려하기도 했다.

그렇게 후배들과 마음을 열고 소통한 덕분일까? 우리 유튜브 채널은 1년여 만에 구독자 수 60만 명을 기록하는 쏠쏠한 성과를 올릴 수 있었다. 내친김에 열심히 달려서 100만 명까지 가보고 싶었는데 중도에 그 꿈을 접게 된 건 못내 아쉽다.

사실 발레를 배우는 것도, 디지털 콘텐츠를 만드는 일도 생초보가 적응하기엔 결코 쉽지 않은 일이다. 그 어려운 일을 해낼 수 있던 비결은 바로 청년들에게 가르침을 구한 것이다. 요즘 '나보다 잘하면 형'이란 말이 유행하던데 그야말로 100퍼센트, 200퍼센트 공감한다. 나이 많다고, 입사 연도 빠르다고 목에 힘주고 다 아는 척해봐야 자기만 손해다. 누구든 더 잘하는 게 있으면 나이와 상관없이 형 대접해주며 묻고 배우는 게 남는 장사라는 것이 내 생각이다.

머지않아 초짜 퇴직자가 될 것을 앞두고 내가 가장 먼저한 일 역시 이 분야에서 나보다 많이 아는 고수들을 찾아 조언을 구한 거였다. 다름 아닌 '퇴사 선배'들 말이다. 나보다 입사 기수가 훨씬 위인 대선배들은 물론 아래 기수의 후배들도 만났다. 이런저런 이유로 젊은 나이에 퇴사하고 자기만의 길을 가는 이들에게 귀한 경험담을 듣고 싶었다. 그중에서도 특히 유망한 스타트업의 대표가 된 '퇴사 선배'이자 후배 L이 들려준 얘기에서 신선한 자극을 받았다.

"앞으로 선배가 새로 시작하는 제2의 인생에선 회사가 절대 빼앗아 갈 수 없는 선배만의 콘텐츠를 만드는 데 집중하세요. 회사 생활은 이번처럼 언젠가 끝나기 마련이지만 선배 이름으로 공들여 만든 콘텐츠는 오롯이 선배만의 자산으로 남을 테니까요. 이제 더 이상은 남을 위해서 일하지 말고 선배 자신을 위한 일을 하세요."

직접 겪어본 사람이기에 전해줄 수 있는 참으로 소중한 가르침이었다. 내게 커다란 동기를 부여해준 후배이자 선배, 그리고 선생님인 그에게 이참에 감사의 마음을 전한다. "고마워. 덕분에 많이 배웠다!"

넘어져봐야
일어날 수 있다

○

spotting

(스팟)

발레에서 턴을 할 때 몸이 돌아가도
머리는 최대한 고정하고 있다가 마지막
순간에 빠르게 돌리는 걸 말한다.
시선을 가능한 한 고정시켜 뇌를
속여서 어지러움을 느끼지 않도록
하려는 기술이다. 피루엣(pirouette)·
수트뉴(soutenu)·셰네(chaînés) 등
다양한 턴 동작에 공통적으로 필요하다.

ℓ

나에겐 '계단 포비아'가 있다. 올라가는 건 괜찮은데 아래로 내려가야 할 땐 가능한 한 벽 쪽에 붙어 서서 한 발 한 발 조심스레 발을 내딛곤 한다. 계단이 내게 공포의 대상이 된 건 1990년대 중반쯤 겪은 아찔한 사고의 기억 때문이다. 지금은 사라진 서소문 동방플라자 입구에 긴 계단이 있었는데 점심 약속에 늦어서 서두르다 바짓자락에 발이 걸리는 바람에 계단참으로 우당탕탕탕 넘어지고 만 것이다. 생존 본능이 발동됐는지 팔다리를 허우적거린 덕에 머리 쪽은 무사했지만 무릎이 깨져 피가 나고 온몸에 멍이 들었다. 큰 부상을 입지 않은 건 다행인데 수많은 사람들 앞에서 볼썽사나운 모습을 보여 부끄러웠던 기억이 지금도 생생하다.

이제 거의 30년이나 지난 일인데도 한 번 세게 넘어졌던 기억은 아직도 계단 앞에 설 때마다 나를 움츠러들게 한다. 그래도 어쩌겠나. 엘리베이터도, 에스컬레이터도 없고 오로지 계단만이 유일한 길이라면 두려움을 이겨내고 발을 내디딜 수밖에. 그런데 발레를 하면서도 이 같은 순간을 마주하게 됐다. 제자리에서 도는 피루엣(pirouette)이란 턴을 하다 한 번도 아니고 두 번이나 세게 넘어진 거다.

피루엣을 처음 배우던 첫째 달 수업 때의 일이다. 난생처음 배우는 턴 동작이었으니 단번에 제대로 해냈을 리가 없다. 한쪽 발끝으로 선 상태에서 핑그르르 돌아야 하는데 그만 균형을 잃고 바닥으로 쫘당 넘어지고 말았다. 놀라기도 하고 어지럽기도 해서 잠시 멍하니 앉아 있으니 선생님이 다가와 괜찮냐고 물으셨다. 살이 많은 허벅지와 엉덩이 쪽으로 쓰러진 덕분에 "좀 아프지만 괜찮은 것 같다"고 답했다. 다행이라면서 선생님께서 이런 말씀을 하셨다. "원래 넘어져봐야 일어날 수도 있는 겁니다. 괜찮으면 이제 천천히 일어나보세요. 언제까지 주저앉아 계실 겁니까?"

이 말을 듣는데 뜬금없이 가슴 한편이 뭉클했다. 그동안 살아오면서 이래저래 엎어지고 넘어졌던 순간들이 촤라락 떠올랐던 것 같다. '그래, 그때 참 힘들었는데 용케 일어섰었지. 그 덕에 지금까지 버텨올 수 있었잖아….' 이번에도 선생님의 따끔한 격려에 힘입어 창피함을 떨쳐내고 다시 일어설 수 있었다.

한 번은 몰라도 두 번 넘어지기는 싫었기에 이후로 몇 달 동안 피루엣을 연습하고 또 연습했다. 이래도 안 되고 저래도 안 되더니 어느 날인가부터 한 바퀴를 어찌어찌 돌 수 있게는 됐다. 다만 피루엣을 포함해 모든 턴의 필수 동작이라 할 수 있는 스팟(spotting)을 하지 못한다는 게 문제였다. 스팟 기술이 몸에 익어야 어지럼증 없이 재빠르게 턴을 할 수 있고 한 바퀴를 넘어 나중에 두 바퀴, 세 바퀴까지도 돌 수 있게 된다. 그런데 나는 스팟을 제대로 시도할 엄두조차 내지 못했다. 겨우 나름대로 턴을 돌게 됐는데 새로운 기술을 시도하다가 혹시라도 또 넘어질까 두려웠던 거다.

"도대체 스팟은 언제 할 거냐"는 선생님의 지적을 짐짓 귓전으로 흘려들으며 느릿느릿 몸과 머리를 함께 돌리는 수준에 한동안 머물러 있었다. 하지만 무섭다고 언제까지 피해 갈 순 없는 일이다. 기초반에서 여섯 달째에 접어들며 서툴던 다른 동작들은 어지간히 익숙해졌는데 여전히 스팟만 제자리 상태였다. 이걸 극복하지 못하면 절대 앞으로 나아갈 수 없다는 생각에 어느 날 용기 내서 수업 도중 피루엣을 하며 스팟을 시도해봤다.

"마치 고무줄을 끝까지 붙잡고 있다가 탕 튕기듯이 머리를 돌려보세요." J 선생님에게 비장의 꿀팁까지 전수받고는 드디어 감을 잡았다는 느낌이 들었다. 고무줄 튕기는 느낌을 살려 여러 차례 연습을 거듭하다 보니 "이제 거의 다 된 것 같다"는 칭찬까지 듣게 됐다. 그런데 마지막으로 한 번 완벽하게 해내려고 턴을 돌던 순간 그만 몸이 기우뚱하더니 또다시 넘어지고 말았다. 욕심이 과했던 탓인지 머리에 잔뜩 힘이 들어가며 몸의 균형이 무너져버린 것이다.

역시 살이 많은 부위로 부딪치긴 했지만 두 번째라고 덜 아픈 건 아니었다. 더군다나 기초반에서 최고 고참이 된 처지라 처음 넘어졌을 때에 비해 창피한 마음이 훨씬 더 크게 들었다. 아픈 걸 꾹 참고 벌떡 일어섰는데 J 선생님이 놀란 기색을 애써 숨기며 별것 아니라는 투로 위로의 말을 건넸다. "원래 턴은 넘어지며 배우는 거예요. 예전에 저도 피루엣 하면서 앞으로 뒤로 몇 번이나 넘어졌는지 몰라요." 내 민망함을 덜어주려는 속 깊은 배려에 이번에도 주책맞게 또 울컥했다.

그다음 날, 발레 수업이 없어 평소처럼 전날 잘 안됐던 동작들을 혼자 연습하려고 동네 피트니스클럽의 GX룸을 찾았다. 이런저런 동작을 해보고 마지막으로 스팟을 하며 피루엣을 도는 동작만 남았는데 하루 전 아프게 넘어졌던 기억이 발목을 잡았다. '해봤다가 또 넘어지면 어떡하지? 그냥 하지 말자.' '아냐. 무섭다고 안 하면 계속 못할 텐데 꼭 해봐야 돼.' 양쪽으로 생각이 요동치던 끝에 결국 후자를 선택했다. 두렵다고 계속 주저앉아 있는 사람이 되기는 싫었다.

애써 마음을 다잡으며 조심스럽게 턴을 돌았다. 한 번, 두 번, 세 번… 몇 번을 돌아도 넘어지지 않는 걸 확인하고 난 뒤 스팟도 할 수 있는 한 해보려고 시도했다. 비록 만족스러운 수준에 이르지는 못했지만 일단 공포를 극복해낸 것이다. '그래, 너 참 장하다!' 마음속으로 한껏 나 자신을 칭찬해주었다.

처음 발레를 배운다는 소식을 페이스북에 올렸을 때 "응원한다"는 것만큼이나 많이 달린 댓글 내용이 "나이도 있는데 부상 조심하세요"였다. 그 글들을 보면서 '아, 내가 나이가 많이 들긴 했나 보다'라는 생각에 쓴웃음이 났었다. 어떤 이들에겐 공연히 안 하던 짓을 하다가 몸 다치기 십상인 사람처럼 보일 수도 있겠다 싶었다.

턴을 하다가 넘어진 얘기를 고교 동창에게 했을 때도 비슷한 책망을 들었다. "야, 나이 들어서 취미로 하는 건데 좀 살살하면 안 돼? 할 수 있는 것만 하고 힘든 동작은 그냥 못 한다고 해. 무슨 부귀영화를 누리겠다고 넘어지면서까지 용을 쓰냐." 편한 친구 사이니까 솔직한 마음의 소리를 전한 건데 나는 단호하게 그럴 수 없다고 했다. 기왕 시작한 발레인데 최대한 제대로 해보고 싶다고, 언젠가 하고 싶어도 못 하는 날이 올지 모르는데 그때까지는 계속해서 부딪쳐볼 거라고 말이다.

지난 33년간 일터에서도 똑같은 마음가짐이었다. 넘어져도 이내 홀홀 털고 다시 일어나곤 했다. 하고 싶어도 못 하는 날이 온 뒤 후회하지 말고, 할 수 있을 때 뭐라도 해보자는 오기 같은 거였다. 2020년 말, 오랫동안 열정을 쏟아온 심야 토론 프로그램 〈밤샘토론〉을 회사 사정상 어쩔 수 없이 끝내야 했던 때도 그랬다.

〈밤샘토론〉은 국내 방송사 토론 프로 중 가장 긴 시간 동안 생방송된다는 점에서 출발부터 화제를 모았다. 경쟁 프로들이 70분 혹은 100분간 방송되는 데 비해 우리 프로는 러닝 타임이 3시간 이상이었기 때문이다. 금요일 밤 12시가 훌쩍 지나 시작해 토요일 새벽에야 끝나는 극한 방송이었다. 심지어 100회 특집 때는 제작진이 "진짜로 밤을 한번 새워보자"며 의기투합하는 바람에 5시간 31분이라는 최장 시간 생방송 기록을 세우기도 했다. 도대체 어디서 무슨 기운이 솟아나 그렇게 할 수 있었던 건지 다시 생각해봐도 고개가 절로 흔들어진다.

이 프로는 2013년 여름, 손석희 당시 사장에게 무심코 던진 기획 아이디어가 발단이 됐다. 지금처럼 그때도 정치의 양극화와 그로 인한 사회 분열이 심각한 상황이었다. "한두 시간 토론으론 도통 결론이 나지 않으니 차라리 양쪽 대표가 밤새도록 토론하게 하면 어떨까요? 서로 할 말 다 하고 나면 그나마 합의점을 찾지 않을까요?" 내 제안에 사장이 "말 꺼낸 사람이 책임지라"고 해서 장장 7년 2개월 동안 이 프로의 기획과 제작·진행을 떠맡았다.

내가 나서서 하자고 했지만 사실 3시간 이상 한자리에 꼼짝없이 앉아 있는 것만 해도 쉬운 일이 아니었다. 거기다 하나같이 목소리 큰 양쪽 논객들의 상반된 의견을 조율해야 하니 한순간도 긴장의 끈을 놓칠 수 없었다. 그 과정에서 진땀 나는 일촉즉발의 순간도 많았다. 토론 도중 감정이 격해진 모 국회의원이 갑자기 스튜디오를 박차고 나간 뒤 한참이나 돌아오지 않아 애간장이 탔던 일, 생방송을 불과 몇 시간 앞두고 토론자가 상부 지시라며 출연 불가를 통보해 아찔했던 일 등등 돌발 상황이 끊임없이 벌어졌다. 그럴 때마다 어찌어찌 위기를 넘겨가면서 제작자와 진행자로서의 구력을 쌓았다.

말 못 할 개인적인 어려움도 있었다. 쉬는 시간도 없이 장

시간 앵커 자리를 지켜야 하는 탓에 방송 도중 물 한 잔 편히 마실 수가 없었다. 출연자들이야 급하게 생리 현상을 해결하려고 간혹 자리를 떠도 큰 문제가 되지 않았다. 발언 중인 다른 출연자를 화면에 크게 잡아 내보내면 되기 때문이다. 하지만 진행자는 그럴 수가 없으니 기침이 나고 목이 메도 마른침을 삼켜가며 꾹 참았다.

어느 날인가는 갑자기 요통이 심하게 와서 허리도 못 펴고 걷지도 못해 제작진들을 크게 걱정시킨 적이 있다. 그런데 막상 앵커 자리에 앉아서 방송을 시작하자 언제 아팠느냐는 듯 내내 멀쩡한 모습을 유지할 수 있었다. 무사히 방송을 마쳐야 한다는 책임감과 긴장감이 극심한 요통도 잊게 만든, 그야말로 인체의 신비를 느끼게 한 사건이었다.

그토록 오랜 세월 내 모든 걸 다 쏟아냈던 프로인 만큼 이별하는 과정이 쉽지는 않았다. 원래 방송을 진행하던 사람들은 카메라 앞을 떠나게 되면 지독한 금단 현상을 겪는다고들 한다. 그런데 내겐 더 이상 TV에 출연하지 못하는 아쉬움보다는 오랜 시간 토론 프로그램을 만들며 쌓였던 노하우와 네트워크를 사장시키게 된 안타까움이 더 크게 느껴졌다. 그걸 어떻게든 다시 활용할 방법을 찾고 싶었지만 나도, 동료들도 많이 지친 상태라 일단은 재충전의 시간을 갖기로 했다. 주기

적으로 밤을 새우던 일상에서 벗어나 잠도 제대로 자고 운동
도 꾸준히 하며 건강을 챙겼다. 생방송 스트레스에서 벗어나
니 머리도 한결 가벼워지는 느낌이었다.

그렇게 한 달 남짓 푹 쉬고 나서 몸이 근질근질해진 PD 후
배들과 마음을 모아 새로운 도전에 나서기로 했다. 하지만 회
사가 긴축 모드에 들어간 터라 제작비 지원을 기대할 수 없었
다. 그래서 비용을 거의 들이지 않고 콘텐츠를 만들 길을 궁
리하다가 선보인 것이 유튜브용 토크쇼 〈밤샘토크〉였다.

TV에서 진행했던 토론 프로에 비하면 이 토크쇼의 제작
환경은 그야말로 열악하기 짝이 없었다. 정식 스튜디오가 아
닌 사내 휴게 공간 귀퉁이에 단출하게 카메라 몇 대만 세웠
고, 작가도 없이 내가 직접 대본을 준비했다. 촬영 감독을 쓸
예산이 없어 그때그때 손이 비는 PD들이 돌아가며 카메라를
잡았는데 개 중엔 대학 졸업 이후 촬영을 처음 해보는 경우도
있었다. "아, 이거 어떻게 하는 거였더라?" 기억을 더듬어가
며 카메라 작동법을 익히던 후배들 모습이 짠하기도 하고 우
습기도 했던 기억이 난다. 그렇게 맨땅에 헤딩하듯 모두가 어
설픈 상태에서 일단 일부터 저질렀다.

제작비 문제는 둘째치더라도 익숙한 TV 화면을 떠나 낯선

유튜브로 터전을 옮긴다는 것 자체가 생각 이상으로 힘든 도전이었다. PD들은 짧고 빠른 콘텐츠를 좋아하는 시청자들 입맛에 맞게 통통 튀는 편집 문법을 새로 익혀야 했고, 나 역시 어깨에서 힘을 쭉 뺀 편안한 진행 스타일을 장착해야 했다. 자막만 해도 어느 정도까지 날것의 단어를 써도 될지 의견이 엇갈려 난상 토론을 벌인 게 하루 이틀이 아니다.

유튜브 진행자로선 초보인 나에게 좀 더 망가지라고 요구하는 후배 PD들의 주문을 소화하는 것도 처음엔 벅차기만 했다. 유튜버들은 누구나 한다는 '구독과 좋아요, 부탁드립니다'란 애교성 멘트를 외치는 것조차 민망하기 짝이 없었다. 첫 녹화 때 "좀 더 신나게 다시"라는 PD들 지시에 포즈와 표정을 바꿔가며 몇 번이나 되풀이해 찍었는지 모른다.

하지만 점차 재미를 붙이며 우리는 빠르게 변화해나갔다. 구독자 수와 조회 수에 목숨 거는 유튜브 특성에 눈을 뜨면서 출연자의 폭도 넓혔다. 초기엔 토론 프로그램을 할 때 인연을 맺은 정치인 인터뷰를 주로 하다가 차차 든든한 팬덤이 있는 문화예술 쪽 아티스트들을 집중 공략했다. 그러면서 인터뷰 방식부터 바꿔야 한다는 데 생각이 미쳤다. 정치인 인터뷰는 날카로운 돌발 질문을 던져서 특종성 뉴스거리를 얻어내는 게 포인트다. 반면 아티스트 인터뷰는 팬들이 궁금해할 사소

한 것들까지 시시콜콜 물어보는 심층 토크를 해야 경쟁력이 생긴다는 결론을 내렸다. 그래서 출연자를 섭외하고 나면 그의 열혈 팬이 된 심정으로 자료 조사를 이 잡듯이 해서 밀도 있는 질문을 준비했다. 덕분에 매번 우리 토크쇼 영상이 올라가고 나면 "이 진행자도 ○○○○(해당 아티스트의 팬 호칭)이 분명하다"는 댓글이 달려 남몰래 웃기도 했다.

이런 작전이 맞아떨어졌는지 점차 볼 만한 토크쇼라는 입소문이 나며 화제성 높은 출연자들의 섭외가 이어졌다. 특히 〈나의 해방일지〉와 〈범죄도시 2〉로 당시 최고의 인기를 누리던 손석구 배우를 방송과 유튜브를 통틀어 제일 먼저 인터뷰했던 일이 가장 기억에 남는다. 손 배우가 출연한 1회 영상은 폭발적인 조회 수를 기록하면서 유튜브의 '인기 급상승 동영상 1위'를 찍었다. 셀 수 없이 많은 응원 댓글이 달렸는데 그중에서도 "손석구 배우님 필모그래피에 이 토크쇼도 꼭 넣어야 한다"는 글을 보고 얼마나 뿌듯했는지!

만약 나와 동료들이 넘어진 것에 좌절하고 끝내 일어서지 않았다면 절대 일어나지 않았을 일들이다. 오랜 시간 최선을 다해 만들어온 토론 프로그램의 문을 닫게 됐을 때, 사실 그 누구도 우리에게 다시 뭔가 시도해보라는 격려도, 질책도 하지 않았다. 하지만 그렇게 넘어져 있다간 한 걸음도 전진할 수 없다는 걸 알기에 우린 스스로 자리를 털고 일어나 아무도 시키지 않는 일을 하고 나섰다. 돈 한 푼 없이, 익숙한 방송을 떠나 낯선 유튜브 환경에서 쓸 만한 콘텐츠를 만드는 도전을 했다. 그 결과 나와 동료들은 더 단단해지고 더 유연해질 수 있었다.

앞으로 살다가 또다시 넘어지는 순간이 닥쳐오더라도 마냥 두려움에 떨고 있지는 않을 것이다. 넘어져봐야 다시 일어날 수 있으니까, 그렇게 훌훌 털고 일어나야만 더 강해질 수 있으니까.

33년 직장인의
거북목을 펴는 일

○

pull-up

(풀업)

발레의 기본자세로 몸을 전체적으로
위로 끌어올려주는 것. 허리를 펴고
목을 곧고 길게 세운다. 날개뼈를 모아
어깨를 내리고 가슴을 편다. 갈비뼈는
코어 쪽으로 모아 닫아준다. 아랫배를
홀쭉하게 만들고 다리를 붙인 채
엉덩이와 허벅지의 근육을 끌어올린다.

발레는 안 어려운 게 하나도 없다. 풀업(pull-up)만 해도 그렇다. 제대로 자세를 취하려면 진땀깨나 흘리게 된다. 평소 별 신경 안 쓴 채 서는 것과 발레를 하기 위해 꼿꼿하게 서는 것은 천지 차이다. 발레를 본격적으로 하기 전에 제대로 서기부터 다시 배워야 하는 건데 그것조차 나 같은 초보자들에겐 커다란 산으로 다가온다.

특히 가슴은 쫙 펴면서 갈비뼈는 모아준다는 게 과연 사람 몸으로 가능하긴 한 일인지 처음엔 도무지 이해가 안 갔다. 등 쪽의 날개뼈를 모아서 어깨를 내리며 가슴을 펴는 것까지는 어찌어찌 할 만하다. 그렇게 하면 갈비뼈가 열리기 마련인데 대체 어떻게 모으라는 걸까? 숨을 쭉 들이마신 채 한참 참아보기도 했지만 사람이 숨을 안 쉬고 계속 버틸 순 없는 노룻이다. 답답해서 여기저기 유튜브를 찾아보았다. 설명에 따르면 갈비뼈를 닫기 위해선 아랫배에 힘을 주어 끌어올리면 된다. 문제는 이 상태에서 숨을 내쉬면 아랫배도 내려가고 갈비뼈도 다시 열린다는 것. 따라서 가슴이 들썩거리지 않게 갈비뼈가 양옆으로 살짝만 움직이도록 숨쉬기를 하라고 했다. 물론 늘 그렇듯 직접 해보면 이게 말처럼 쉽지는 않다.

발레를 배우는 입장에서 기가 막힌 건 이 풀업이 발레에서 모든 동작의 기본이라는 점이다. 어떤 때는 하고 다른 때는 안 해도 되는 게 아니라 시종일관 이 자세를 유지하고 있어야 한다는 얘기다. 그게 안 되면 무대 위의 발레리나들처럼 우아하고 아름다운 동작을 구현하는 건 꿈도 꾸지 말아야 한다. 그러니 발레를 하는 사람이라면 언제든지 단숨에 풀업이 되도록 훈련해야 하는데, 거듭 말하지만 그게 생각보다 참 어려운 일이다. 나처럼 거북목증후군을 앓는 사람이라면 더군다나 그렇다.

발레를 하기 전까지는 내가 거북목을 갖고 있다는 것조차 딱히 의식하지 못했다. 그런데 본격적인 수업에 들어가기에 앞서 준비 자세만 취했을 뿐인데 선생님의 지적이 마구 쏟아졌다. "아니 아니, 목을 앞으로 빼지 말고 뒤로 밀어요. 턱도 집어넣어야죠." 나름대로 풀업을 한다고 했는데 뭐가 잘못된 건지 몰라 당황하고 있으니 선생님이 아예 사진을 찍어 보여주셨다. 목을 앞으로 쭉 내민 내 옆모습이 적나라하게 드러나 있었다. '아, 내 몸이 그동안 이런 보기 흉한 상태였다니…' 미처 몰랐던 문제점을 깨닫자 급작스레 우울감이 몰려왔다.

감사하게도 선생님은 풀 죽어 있는 내게 개선할 방법도 일러주셨다. 벽에 몸을 딱 붙이고 서서 귀부터 어깨·척추·골반까지 일직선으로 바로 선 상태의 느낌을 기억해두라고 했다. 일반적으론 허리와 벽 사이에 공간이 뜨게 되는데 그 상태에서 꼬리뼈를 아래로 내려 벽과 몸이 딱 붙도록 만드는 게 바로 발레식 풀업이라는 거다.

하지만 문제가 무엇인지, 어떻게 해결하면 될지 알게 됐는데도 몇 달이 흐르도록 좀처럼 고쳐지지 않았다. 정말 답답한 노릇이었다. 수업 초반에 잔뜩 신경 써서 목을 곧추세웠다가도 중간에 좀 어려운 동작이 나오면 예외 없이 거북목이 스르르 나타났다. 동작을 따라 하는 데 급급하다 풀업을 유지하는 걸 자꾸 깜빡해서다. 답답해서 한숨을 푹푹 내쉬다가 곰곰 생각해보니 이걸 고치기 어려운 것이 당연하다는 생각이 들었다. 지난 33년 동안 대부분의 시간을 노트북 화면 속으로 빨려 들어갈 듯한 자세로 일해왔지 않은가. 거기다 스마트폰이 나온 뒤로는 시도 때도 없이 울려대는 단톡방 톡을 확인하느라 목을 똑바로 펼 틈이 더 없어졌다.

 이런 경우에 딱 들어맞는 영어 표현이 바로 'Old habits die hard'다. '오래된 습관은 쉽사리 고쳐지지 않는다'는 뜻이다. 습관이란 게 참 무서운 것이어서 오랜 시간에 걸쳐 몸에 각인되고 나면 쉬이 사라지지 않는다. 실은 거북목뿐 아니라 앵커로 방송을 진행할 때도 오래된 습관 탓에 고생한 경험이 적지 않다. 나는 중앙일보에 입사해 신문 기자로 20년간 일하다가 JTBC 개국과 함께 방송 기자로 옮긴, 좀 특이한 경력을 갖고 있다. 글을 쓰던 신문 기자가 카메라 앞에서 말을 하는 방송 기자로 탈바꿈하는 과정이 쉬울 리 없었다.

 방송 개국을 1년 앞둔 무렵부터 외부 아나운서를 초빙해 기초 발성 훈련을 받고, 동료들과 함께 토크 연습을 했다. 그나마 나는 서울 출신이어서 사투리를 고쳐야 하는 동료들에 비해선 어려움이 덜한 편이었다. 오히려 나에겐 표준어로 정확하게 말하는 것보다 말하는 속도를 늦추는 것이 더 어려웠다. 평상시처럼 말하면 너무 빨라서 숨이 차다고 하고, 애써 느리게 하면 졸린다고 하니 적절한 속도를 찾는 게 참 난감했다. 나의 급한 성격 탓인지 처음엔 적당한 빠르기로 시작해도 시간이 지나면 말이 걷잡을 수 없이 빨라지곤 해서 앵커가 된 뒤로도 한참이나 골머리를 앓았다.

아직 부족한 점투성이지만 신생 방송사 특유의 도전적인 분위기 덕에 개국 초기부터 각종 시사 프로그램의 진행을 떠맡게 됐다. 남자 후배 기자와 공동 MC가 되어 진행했던 토크쇼가 데뷔작인데, 일주일에 한 번씩 정계와 문화계 등 각계 거물들을 두루 초대해서 한 시간 동안 심도 있는 이야기를 나누는 포맷이었다. 방송 경력이 거의 없는 내게 이런 난도 높은 프로그램의 진행을 맡긴 이유를 묻자 당시 보도총괄이던 L 선배의 답은 이랬다. "이 프로그램의 차별화 포인트는 잘 나가는 분들 모셔 놓고 진행자들이 거침없이 돌직구 질문을 던지는 거야. 그래야 다른 데서는 잘 안 하는 재미있는 얘기들이 막 터져 나오지. 너는 원래 나한테도 하고 싶은 말 다 하잖아. 평소 나한테 하는 식으로 방송에서도 그대로 하면 돼."

칭찬인지 욕인지 선배는 "평소대로만 하라"고 하셨지만 그게 그리 간단치만은 않았다. 주문받은 대로 돌직구 질문을 하는 것 자체는 큰 무리가 없었다. 문제는 방송이란 게 내용뿐 아니라 화면에 보여지는 룩(Look)이나 구성적인 요소도 매우 중요하다는 거다.

신문 기자로 인터뷰할 때는 상대를 편안하게 해주면서 속내를 잘 털어놓도록 하는 데만 집중하면 된다. 질문도 굳이 문법을 따져가며 완결된 문장으로 할 필요도 없이 뜻만 통하면 된다. 하지만 카메라 앞에서 하는 방송 인터뷰는 시청자들을 고려해서 질문 문장이 명료하고 알아듣기 쉬워야 한다. 출연자의 말을 듣는 동안 표정도 보기 좋게 잘 지어야 하고, 이야기가 너무 길어지지 않도록 적절한 대목에서 딱딱 맺고 끊어주는 등 신경 쓸 게 훨씬 많다. 나의 초기 방송분을 보면 해야 할 질문을 해내는 데만 급급해 여러모로 미숙했던 게 눈에 띈다. 요즘도 간혹 인터넷에서 그 시절 영상과 마주치면 부끄러워 몸 둘 바를 모를 지경이다.

말이 빨라지는 단점 외에도 이 시기 화면에 고스란히 드러났던 나쁜 습관이 한 가지 더 있다. 고개를 오른쪽으로 갸우뚱하는 버릇이다. 상대의 말을 골똘히 경청할 때면 나도 모르게 고개가 옆으로 기울어진다는 걸 방송을 모니터링하면서 처음 알게 됐다. 평소엔 아무도 지적해주지 않아 몰랐었는데 막상 화면을 통해 보니까 너무 거슬렸다. 그 뒤로 녹화 때마다 고개가 내려갔다 싶으면 바로 세우고, 또다시 내려가면 바로 세우기를 반복했다. 방송만이 아니었다. 일상생활에서도 고개를 갸우뚱하는 버릇이 있었다. '안에서 새는 바가지가 밖에서도 샌다'고 평소 버릇이 방송에서도 그대로 나온 것이다. 첫 프로그램에서 안 좋은 습관을 빨리 발견해서 고치지 않았다면 이

후에 계속해서 다른 프로그램 진행을 맡는 행운을 누리지 못했을지도 모른다.

흔히 방송가에서 쓰는 표현 중에 '쪼'라는 게 있다. 말투나 태도를 뜻하는 조(調)에서 비롯된 말인데 개개인의 특유한 버릇을 뜻한다. 사실 이 쪼가 아예 없는 사람은 드물다. 또 모든 쪼가 나쁜 것도 아니다. 그 사람만의 개성이나 매력으로 느껴지는 경우도 많기 때문이다. 예컨대 연기파 배우들을 봐도 특정한 어조나 표정이 트레이드마크처럼 굳어진 사례들이 종종 있다. 그게 극에 몰입하는 걸 방해하는지 아닌지에 따라 호불호가 갈리기는 한다. 모 배우의 하이톤의 코맹맹이 소리가 듣기 좋다 느끼다가도 과연 저런 목소리를 내는 연쇄 살인마가 존재할까 의문이 드는 순간 채널을 돌리게 되는 것이다.

방송인들의 상황도 비슷하다. 자주 쓰는 말버릇이나 추임새, 손동작까지 다양한 쪼가 있는데 이 쪼가 시청자들에게 내용을 전달하는 걸 방해할 지경이 되면 곤란하다. 어떤 기자의 이러저러한 말투가 거슬려서 뉴스를 시청하기가 힘들다는 지적이 자주 나온다면 무조건 고치는 게 맞다. 그래서 종종 후배들이 나온 방송을 모니터링하다가 문제가 되는 쪼를 지적해주기도 했는데 대부분 거기서 벗어나는 걸 힘겨워했다. 당연히 그럴 수밖에 없는 게 앞서 얘기한 것처럼 오래된 습관들은 '다이 하드' 하기 때문이다.

하지만 고치기 힘든 것일 뿐 절대 고치지 못하는 습관은 없다고 생각한다. 남들이 뭐라 하든 스스로 보기엔 그냥 놔둬도 큰 문제가 없다고 여기니까 필사적으로 애쓰지 않는 것이다. 나 역시 평생에 걸친 엄마의 잔소리에도 불구하고 팔자걸음을 끝내 떨쳐내지 못했다. 요즘은 50살 넘어 발레를 하게 될 줄 미리 알고 그런 거라고, 내겐 다 계획이 있었다고 우스갯소리를 한다.

단, 거북목은 다르다. 건강에 안 좋을 뿐 아니라 발레에도 방해가 되는 만큼 꼭 고치고야 말 것이다. 빨라지는 말과 삐딱한 고개도 바로잡았는데 구부러진 목도 노력하다 보면 꼿꼿하게 펼 수 있지 않을까? 그럴 거라고 굳게 믿으며 오늘도 틈날 때마다 벽에 몸을 바짝 붙이고 서서 풀업 훈련을 한다.

지적당할
용기

○

entrechat
quatre

(앙트르샤 캬트르)   공중으로 뛰어오르며 두 다리를 빠르게
앞뒤로 교차시켰다가 다시 제자리로
착지하는 점프 동작. 캬트르는 프랑스어로
4를 뜻하지만 앙트르샤 카트르 때 다리가
실제로 교차하는 횟수는 두 번이다.

ℓ

　발레를 배우고 싶은 이들이라면 반드시 갖춰야 할 덕목 중 하나가 바로 '지적당할 용기'다. 수업에 가서 지적당하지 않고 넘어가는 날이 하루도 없고, 똑같은 지적을 몇 달째 계속 듣게 되기도 하기 때문이다. 그러니 지적 한 번에 멘탈이 와장창 무너져 내리는 심약한 타입이거나 선의의 지적도 으레 공격으로 받아들이는, 속칭 화가 많은 스타일이라면 수강 여부를 신중히 따져보실 것을 권한다.

　얼마 전 친한 동생에게 발레의 효능을 열심히 전파하며 배워보라고 권유했는데, 동생은 바로 그 이유로 손사래를 쳤다. "회사에서 일하며 지적당하는 것만 해도 너무 큰 스트레스인데 군이 취미 생활에서까지 같은 일을 겪고 싶지 않아요." 그 마음도 충분히 이해가 가서 더 이상 강권하지 못했다.

하지만 지적이 무서워 지레 포기하기엔 발레의 장점이 너무나 많다. 게다가 지적의 이면에는 '칭찬받는 기쁨'이 있다. 백 번 지적당하다가 한 번 칭찬받을 때 느끼게 되는, 말로 표현하기 힘든 희열 말이다. 사실 발레 학원에 등록하고 첫 서너 달은 이런 기쁨을 전혀 맛보지 못했다. 난생처음 배우는 동작들을 허겁지겁 따라가기도 벅찼으니 아마 선생님들 입장에선 눈을 씻고 봐도 칭찬할 구석을 찾기 어려웠을 것 같다.

칭찬의 첫 경험은 예기치 않게 찾아왔다. 어느 날, J 선생님이 탕뒤를 할 때 내 발을 만져보더니 "와, 발 모양이 엄청 좋아졌어요. 시간이 쌓이니까 확실히 달라지긴 하네요"라며 좋아하는 거다. 남들이 보면 별것 아닌 일일지 모르지만 나로선 그간의 노력이 헛되지 않았다고 처음으로 인정받은 것 같아 이루 말할 수 없이 기뻤다. 벅찬 가슴을 애써 진정시키며 선생님께 공을 돌렸다. "그럼요. 당연히 좋아져야죠. 제가 발레를 누구한테 배웠는데요."

기초반에서 꾸준히 핵심 동작들을 수련한 지 다섯 달가량이 지나자 가물에 콩 나듯 칭찬받는 일이 생기기 시작했고, 최근엔 결코 일어나지 않을 것 같던 상황까지 펼쳐졌다. 바로 앙트르샤 캬트르(entrechat quatre)라는 점프 동작과 관련된 일이다. 다른 학원의 기초반에선 좀처럼 가르치지 않는다는 이

고난도 점프를 우리 선생님께선 첫 달 수업부터 대뜸 해보라고 시키셨다. 처음엔 선생님의 시범을 보고도 내가 뭘 본 건지 이해조차 가지 않았다. 공중으로 뛰어오르는 것만도 힘겨운데 그 상태에서 두 다리를 앞뒤로 교차시켰다 착지하라니!

차차 방법은 터득하게 됐지만, 머리로 아는 것과 몸으로 해내는 건 완전히 다른 문제였다. 그래도 연습을 수없이 되풀이하자 다리는 어찌어찌 흉내를 낼 수 있게 됐다. 그런데 뛰어오를 때마다 예쁜 앙 바(en bas, 두 팔과 손을 아래로 내려 원 모양을 만드는 것) 포즈를 유지하고 있어야 할 두 팔이 우스꽝스럽게 움찔거렸다. 어려운 점프를 해야 한다고 생각해서인지 뛰기 전부터 온몸에 잔뜩 힘이 들어간 모양이다. 힘을 쭉 빼야 사뿐사뿐 뛸 수 있고 팔 모양도 무너지지 않을 텐데 그걸 못하니 보기 흉한 점프가 되곤 했다.

포기할 순 없었다. 언제까지나 똑같은 지적을 받고 창피함 속에 수업을 마치고 싶지는 않았다. "연습하는 사람은 절대 못 이긴다"는 선생님 말씀을 믿고, 되든 안 되든 매일 앙트르샤 캬트르를 시도했다. 점프하기 전 머릿속으로 내 몸이 가볍게 뛰어 오르는 걸 상상하는 이미지 트레이닝도 해보았다. 시간이 얼마나 지났을까? 맘대로 안 되던 팔이 점프를 할 때도 평온하게 제자리를 지키기 시작했다. 아직 멋진 수준의 점프

는 아니지만 적어도 내가 꼭 고치고 싶었던 고질적인 문제만큼은 바로잡게 된 거다.

하루는 뜬금없이 선생님이 나더러 신입 수강생들 앞에서 앙트르샤 캬트르의 시범을 보이라고 하셨다. 긴장감에 가슴이 쿵쾅거렸지만 애써 심호흡을 하며 몸의 힘을 최대한 뺀 채로 뛰어올라 다리를 왔다 갔다 한 뒤에 땅으로 떨어졌다. 다행히 연습 때와 마찬가지로 팔도 움찔거리지 않았다. 그 순간 내 귀에 들려온 건 무심한 듯 건넨 선생님의 칭찬이었다. "잘 했어요!" 이 점프를 할 때마다 "도대체 팔은 왜 그러는 건데요"라고 타박만 듣던 나로선 도대체 꿈인지 생시인지 헷갈릴 만큼 감격스러웠다.

지적당할 용기 운운했지만 나야말로 원래 지적에 대한 면역을 거의 갖추지 못한 사람이었다. 비교적 자유로운 분위기의 가정 환경에서 자라 부모님께 야단이나 잔소리를 들은 적이 거의 없었다. 학창 시절에도 모범생의 틀을 벗어나지 않았기 때문에 선생님들께 꾸중을 들어본 기억도 별로 떠오르지 않는다. 그렇게 나이 스무 살이 넘도록 싫은 소리를 접해본 적조차 없던 내가 신문사에 입사하자마자 커다란 장애물과 마주치게 됐다. 바로 지적 세례였다.

비유하자면 시차를 두고 공격하는 단발식 총기가 아니라 쉼 없이 총알을 쏟아붓는 연발식 총기 같은 선배들의 훈계를 수습 시절 내내 감당해야 했다. 날마다 새벽 3시에 집을 떠나 경찰서와 병원 등 취재처들을 돌아본 뒤 6시 무렵 전화로 상황 보고를 하는 게 당시 수습 신문 기자의 평범한 일상. 그런데 입을 떼기 무섭게 수화기 너머로 지적 폭탄이 연이어 쏟아져 이른 아침부터 혼이 쏙 빠졌다.

하나라도 더 가르쳐 어서 기자 꼴을 갖추게 해주려는 선배들 마음을 이해하지 못한 건 아니었다. 하지만 날이면 날마다 잘못한다고 지적만 당하니 자존감이 낮아질 대로 낮아져버렸다. 나는 기자를 할 만한 자질이 없는 사람인가 싶어 입사한 지 얼마 되지도 않은 주제에 퇴사를 진지하게 고민했을 정도였다. 그랬던 나를 붙잡아준 건 연배가 한참 위인 N 선배가 해준 칭찬이었다.

내가 수습기자 훈련을 받던 무렵은 사회 곳곳에서 민주화 요구 시위가 빗발치던 1991년의 봄. 시위 현장을 취재하러 돌아다니다가 우연히 '넥타이 부대'로 불린 회사원과 주부·교사 등 다양한 시민들이 즉석 시국 토론을 벌이는 모습을 포착하게 됐다. 불과 수백 미터 밖에서 진압 경찰과 시위대가 대치하고 있고, 매캐한 최루탄 가스가 자욱하게 깔려 있던 종

로3가 단성사 앞 네거리였다. 그런 일촉즉발의 현장에서 흥
분한 채 구호를 외치는 대신, 질서정연하게 발언권을 얻어 정
부를 성토하고 자성의 목소리를 내는 시민들 모습은 말로 표
현하기 힘든 감동을 주었다. 마침 현장에 있던 기자는 나 혼
자뿐. 결코 묻어두면 안 되겠다는 생각이 들어 한달음에 써낸
생애 첫 기자 칼럼이 다음 날 신문에 실리게 됐다.

그런데 N 선배가 그걸 보고 전화를 걸어오신 거다. "이 칼
럼을 보고 비로소 독자들은 회사원도, 주부도, 교사도 이번
시위에 참여한 걸 알게 됐을 거야. 다른 신문 어디에도 그런
얘기가 일절 안 나오잖아. 참 잘했어." 선배 말마따나 그때 그
시절 집권 세력은 마치 일부 과격 학생들만 시위를 벌이는 것
처럼 여론을 호도하고 있던 참이었다. 아직 제 앞가림도 잘
못하는 풋내기 수습기자가 겁도 없이 보고 들은 대로 정부 선
전과 정반대 내용의 칼럼을 쓴 건데, 선배가 그 점을 칭찬해
주신 것이다. 선배의 진심 어린 칭찬이 잔뜩 주눅 들어 있던
나를 일으켜 세웠고, 그 뒤로도 기자 생활을 하며 이리저리
흔들릴 때마다 의지할 수 있는 든든한 버팀목이 돼주었다.

33년 전 내가 기자 일을 배우기 시작할 때 그랬던 것처럼
새로운 세계에 들어서면 누구나 지적 세례를 감수하지 않으

면 안 된다. 무슨 일이든 처음부터 능숙하게 잘 해내는 사람은 별로 없다. 지적당할 용기로 무장한 채 그 시간을 견디며 꾸준히 노력하다 보면 칭찬받는 기쁨을 느끼는 순간도 반드시 찾아오기 마련이다. 아마도 내가 적지 않은 나이에 발레 학원 선생님들의 지적을 묵묵히 받아들일 수 있던 건 오래전 수습기자 시절의 경험 덕분이었을지 모른다. 게다가 우리 선생님들은 학생들이 아무리 여럿이어도 내가 실수하고 잘못할 때마다 족집게처럼 짚어주시는 바람에 도저히 수긍하지 않을 도리가 없다.

당장은 좀 창피할지 몰라도 지적받지 않으면 내가 뭘 못하는지 깨달을 수 없고, 그러니 고칠 수도 없다. 내가 제자리걸음하지 않고 발전하도록 꼬치꼬치 지적해주시는 선생님들께 늘 고마운 마음이다. 다만 바람이 있다면 열 번 지적당한 후에 한 번 정도는 칭찬받는 기쁨을 누릴 수 있었으면 하는 거다. 칭찬은 고래만 춤추게 하는 게 아니라 나까지 신나서 춤추게 만드니 말이다.

발레의 언어가
열어준
새로운 세계

○

devant

(드방)

발레엔 방향과 관련된 말들이 많은데
그중 기본이 되는 건 드방(devant, 앞)과
데리에르(derrière, 뒤) 그리고 알 라
스공드(à la seconde, 옆)이다.

$\mathcal{Q}$

　"발레는 과연 어느 나라에서 시작됐을까요?" 첫 발레 수업에서 간략한 역사부터 알려주겠다며 선생님께서 물으셨다. "프랑스요!" 확신에 차서 제일 먼저 외쳤는데 아니라고 했다. 그렇다면 정답은? 바로 이탈리아다. 원래 이탈리아에서 시작된 발레가 프랑스에 전해진 뒤 본격적으로 발전했다. 르네상스 시대 문화예술을 통 크게 후원한 이탈리아 메디치 가문의 카테리나 데 메디치가 프랑스 국왕 앙리 2세와 결혼한 것이 계기가 됐다.

　이후 발레를 사랑하고 직접 즐기기도 했던 루이 14세가 최초의 발레 학교인 왕립무용아카데미를 설립했고, 이 무렵 발레의 기본자세와 프랑스어로 된 발레 용어들도 탄생하게 되었다. 내가 프랑스를 발레의 원조 국가라고 생각한 것도 바로 발레 용어 때문이었다.

기초반 수강생들 중에는 낯선 발레 동작 못지않게 생전 처음 들어보는 프랑스어 용어 탓에 고생하는 사람들이 적지 않다. 선생님들이 처음엔 일일이 발음과 뜻을 알려주지만 시간이 좀 지나면 다들 웬만큼 익숙해졌을 거라고 믿고 "탕뒤 크루아제 드방(tendu croisé devant) 해보세요"라는 식으로 수업을 진행한다. 그럼 초보자들은 '여기는 어디? 나는 누구?' 상태에 빠지기 십상이다. 그럴 때 나는 속으로 회심의 미소를 짓곤 한다. 학창 시절에 프랑스어를 공부한 적이 있어 발레 용어에 비교적 빨리 적응할 수 있었기 때문이다. 동작도 따라하기 힘든 처지에 만약 말귀까지 못 알아들었으면 정말 답답했을 텐데 참 다행스러운 일이다.

내가 프랑스어를 처음 접한 건 고등학교 시절 제2외국어로 배우면서다. 이때 프랑스어가 지닌 특유의 매력에 사로잡혀서 대학에 가서도 교양 수업으로 프랑스어 초급 – 중급 – 고급 강좌를 차례로 수강했다. 그 무렵 인생 책 중 하나인 『어린 왕자』를 원어로 읽는 걸 목표로 세웠는데 더듬더듬 사전을 찾아가며 완독했을 때 느꼈던 성취감이 지금도 생생하다. 아쉽게도 그 이후론 프랑스어를 따로 공부할 짬이 없었던 터라 요즘은 문법도 단어도 가물가물하지만 어릴 때 공부해둔 덕인지 수업에서 나온 발레 용어는 곧잘 기억하는 편이다.

예컨대 발레 동작을 할 때 몸 방향을 일컫는 용어 가운데 앙 파스(en face)란 게 있다. 파스는 영어로 얼굴을 뜻하는 페이스(face)와 같은 말이다. 그러니 앙 파스는 얼굴이 앞으로 오게 정면으로 선다는 의미다. 다리를 바닥으로 떨어뜨리는 스텝을 일컫는 통베(tombé)도 동작이 서툴러서 그렇지 어떤 뜻인지는 금방 알아차릴 수 있었다. 오래전 들었던 '통브 라 네쥬(Tombe la neige, 눈이 내리네)'라는 제목의 샹송이 떠올라서다. 겨울이면 라디오에서 단골로 틀어주던, 눈 내리는 날 오지 않는 연인을 기다리는 마음을 구슬픈 멜로디에 담은 바로 그 노래다. '눈이 내리네. 오늘 밤 그대는 오지 않겠죠. 눈이 내리네. 나의 마음은 검은 옷을 입고 있죠….' 통베는 '내리다'라는 뜻의 동사이니 눈이 내리는 것처럼 다리를 아래로 내린다고 기억하면 절대로 잊을 수가 없다.

언어가 새로운 세상과의 연결 고리가 되어주는 체험을 살면서 여러 번 겪었다. 신문사에 입사한 뒤 일본어를 독학하면서도 그랬다. 니혼게이자이신문(日本経済新聞) 같은 일본 매체를 모니터링하기 위해 책을 통해 기초적인 문법과 단어 정도를 익힌 게 시작이었다. 그런데 일본에 출장이나 여행 갈 일이 간혹 생기다 보니 읽기 외에 말하기도 배우고 싶어졌다. 하지만 1990년대 초반이라 지금처럼 외국어 공부 콘텐츠가 넘쳐나는 유튜브도 없었고, 일이 바빠 학원에 다닐 틈을 내기도 힘들었다. 그러다 우연히 회사 자료실에서 발견한 비디오테이프(VHS)로 된 일본어 회화 교재가 길을 열어주었다. 틈날 때마다 한 개씩 빌려 보며 원어민의 발음과 억양을 그대로 따라 해봤다.

이후 이런저런 일로 일본에 갈 때마다 오전·오후·밤 인사를 구분해 써보기도 하고, 음식을 주문하거나 쇼핑하면서 혼자 연습한 일본어를 더듬더듬 시도하곤 한다. 여전히 초보 수준에 불과하지만 서툰 일본어라도 도움이 될 때가 꽤 있다. 특히 연로한 부모님과 여행하며 식당에서 술 좋아하시는 아빠를 위해 "나마 비루 히토츠 구다사이(생맥주 한 잔 주세요)"를 외칠 때마다 애써 공부한 보람을 느꼈다.

뭐니 뭐니 해도 내게 가장 많은 기회의 창을 열어준 건 역시 영어다. 학창 시절부터 영어 과목을 제일 좋아했고 잘하기도 했던 터라 대학 진학도 영어영문학과로 했다. 그런데 그때 그 시절엔 영문과에서 원서만 잔뜩 읽게 했지 말하기와 듣기 공부는 거의 시켜주지 않았다. 회화 과목은 4년 내내 고작 3학점짜리 수업 하나를 들은 게 전부다. 그나마 그 수업 중에도 원어민 교수와 영어로 대화를 나눌 일조차 거의 없었다. 이런 사정으로 책은 술술 읽어도 영어 한마디를 속 편하게 말하기 힘들었다.

그런데 직장 상사들은 영문과 졸업생이란 이유로 외국인을 만날 일이 생길 때마다 나를 호출하는 게 아닌가. 한두 번도 아니고 아예 영어 전담 요원처럼 되어버려 난감하기 짝이 없었다. 별수 없이 일하는 틈틈이 영어 듣기와 말하기를 따로 공부하기 시작했다. 매일 아침 출근 준비하면서 영어로 방송되는 라디오 프로그램을 듣다가 쓸 만한 표현이 나오면 큰 소리로 따라 했다. 외국 영화나 드라마를 볼 때도 가능하면 자막을 보지 않고 이해하려 용을 썼다. 대학에서 가르쳐주지 않은 걸 뒤늦게 스스로 학습으로 메꿔보려 한 셈이다. 혹시 내가 처음부터 솔직하게 잘 못한다고 털어놨으면 영어의 늪에서 자유로워질 수 있었을까? 아닐 것 같다. 어차피 선배들이 "젊은 네가 우리보다야 낫겠지"라며 등을 떠밀었을 테고 그럼 난 어떻게든 꾸역꾸역 해내지 않았을까 싶다.

다행히 세월이 흐르며 해외에서 유학하거나 외국어고등학교를 나와 원어민 수준으로 영어를 구사하는 후배들이 여럿 들어오면서 내 어깨가 많이 가벼워지게 됐다. 하지만 '영어 잘하는 사람'이라고 한 번 각인된 이미지는 좀체 지워지지 않아서 40대, 50대가 된 뒤까지도 영어로 소통하는 일을 떠맡아야 하는 경우가 종종 생겼다. 미국 뉴스 채널 CNN과 관련된 업무만 해도 그렇다. 첫 단추는 신문사에서 논설위원으로 일하던 시절, CNN의 〈월드 뷰(World View)〉라는 프로그램에 영어로 리포트를 만들어서 내보낸 거였다.

처음 그 일이 맡겨졌을 땐 기가 막혔다. 국제적으로 주목할 만한 뉴스거리가 생길 때마다 전 세계인들이 시청하는, 영어권에서 날고 기는 최고의 방송 기자들이 활약하는 바로 그 CNN에 방송될 리포트를 나보고 쓰라고? 영어로 기사를 써본 적도 없고 방송도 해본 적 없는 내가? 아무래도 못할 것 같다고 고사의 뜻을 전했다. 하지만 담당자는 완강하기만 했다. 어차피 영어로 방송 리포트를 만드는 일을 해본 사람은 회사 내에 아무도 없다, 그러니 그동안 영어 인터뷰라도 많이 해본 내가 낫지 않겠냐는 것이다.

당시는 종합편성채널 선정을 앞두고 각 사가 치열하게 경쟁하던 시기였다. CNN에 자체 제작한 뉴스가 방송된다면 우리 회사가 경쟁사들보다 글로벌 역량 면에서 높은 평가를 받는 데 작은 도움이나마 될 것 같았다. 중요한 국면에 회사에 필요한 일이라니 해보겠다고 나설 수밖에 없었다.

그때까지 나는 방송 기사를 쓰는 것도, 더빙하는 것도, 스탠

드업(취재 현장에서 카메라 앞에서 얼굴을 드러내고 보도하는 것)도 전혀 배워보지 않은 상태였다. 그런데 난생처음 해보는 일을 한국어도 아닌 영어로 하라니, 이보다 막막할 수가 있을까? 하지만 이미 내 입으로 하겠다고 한 이상 어떻게든 해내야 했다.

우선 외국 시청자들도 흥미를 가질 만한 한국 관련 뉴스 아이템이 뭐가 있을지 궁리부터 시작했다. 몇 가지 기삿거리의 기획안을 영어로 써서 CNN에 보냈는데 그중 '막걸리 열풍이 불고 있다'는 아이템에 오케이 사인이 떨어졌다. 휴우, 안도의 한숨이 절로 나왔다. 일단 첫걸음은 무사히 뗀 것이다.

이제 리포트를 잘 만드는 일만 남았다. 곧이어 건강에도 좋고 맛도 좋은 막걸리가 한국을 넘어 해외 시장에서도 인기를 얻기 시작했다는 사실을 중심으로, 막걸리의 역사와 효능까지 알려주는 내용의 기사를 써냈다. 처음 써본 영어 기사라 뉘앙스나 톤 앤 매너에 통 자신이 없어서 영자 신문에서 일하는 후배에게 감수를 부탁했다.

다음으로 가장 큰 걱정거리인 리포트용 영상 촬영과 편집을 맡아줄 사람을 찾아 나섰다. 신문사에 과연 그런 인력이 있을까 염려했는데 수소문 끝에 온라인뉴스팀에서 일하던 후배 하나가 할 수 있다고 했다. 이렇듯 여러 사람의 도움에 힘입어 나의 생애 첫 영어 리포트가 완성됐고 CNN에서 무사히 방송까지 나가게 됐다.

　무모한 건지 용감한 건지 한 번도 가보지 않은 길을 가겠
다고 나섰던 덕분에 이후로도 흥미진진한 도전을 이어갈 수
있게 됐다. 특히 방송사 개국을 앞두고 미국 애틀랜타에 있는
CNN 본사에서 3주 동안 연수를 받은 일은 평생 잊지 못할
기억이다. CNN이 파트너십을 맺고 있는 세계 각국 언론인들
을 초청해서 취재와 제작 노하우를 공유하고 실습할 기회를
제공하는 프로그램에 회사 대표로 참가한 것이다. 함께 참여
한 이들의 면면을 보면 스웨덴·독일·호주·콜롬비아·파키스
탄·남아공 등지에서 온 베테랑 방송 기자와 앵커, PD들이었
다. 오로지 나만 방송 경험이 전혀 없는 왕초보였다.
　연수 첫날 참가자들이 모두 모인 자리에서 각자 자기가 진
행하거나 제작한 방송 영상을 보여주며 소개하는 시간을 가
졌다. 순서가 돌아와서 문제의 막걸리 리포트를 세계 각국 방
송인들 앞에 소개해야 했던 나는 부끄럽기 짝이 없었다. 높은
수준의 콘텐츠들을 감상하다가 어설픈 리포트로 나를 소개해
야 하다니 쥐구멍이라도 찾아 숨고 싶었다. 마치 숨겨왔던 나
의 약점이 환한 조명 아래 샅샅이 공개되는 느낌이랄까. 리포
트 영상이 종료된 뒤 마이크를 잡는데 얼굴이 화끈 달아올랐

다. 사람들 앞에 나서는 게 이렇게 두려운 적이 있었나 싶을 정도였다.

그런데 놀라운 일이 벌어졌다. 내가 신문 기자로 20년간 일하다 뒤늦게 방송 기자로 전직한 사실, 우여곡절 끝에 생애 첫 리포트를 CNN에 내보내게 된 사연을 얘기해주자 우렁찬 박수가 쏟아지는 게 아닌가. 다들 진심에서 우러난 격려를 보내주었다. 지금은 다들 경험이 차고 넘치는 최고의 전문가들이지만 그들에게도 병아리 시절이 있었을 터. 그러기에 당시 40대 중반의 적지 않은 나이에 용기 있게 새로운 시작점 앞에 선 나를 얕보는 대신 아낌없이 응원하는 아량을 베풀어준 것이다.

3주간의 일정 내내 그들은 나에게 크고 작은 조언을 해주었고, 우린 더없이 좋은 친구 사이가 됐다. 연수가 끝난 뒤 10년이 더 지난 지금까지도 페이스북을 통해 서로 소식을 주고받는다. 재밌는 건 당시에 "예리, 너는 앞으로 방송 진행자가 될 재목이야"라고 덕담을 건넨 친구들이 몇몇 있었는데 실제로 그 말대로 됐다는 거다. 내가 앵커가 됐다는 소식을 페이스북에 처음 올렸을 때 이런 댓글이 앞다퉈 올라왔다. "내가 이렇게 될 거라고 했지(I told you so)!"

요즘도 나는 언제 어디서 어떻게 써먹을지 모른다는 생각에 짬이 날 때마다 영어 공부하기를 멈추지 않는다. 날마다 영어 라디오 방송을 듣고, 유튜브에 올라온 말하기 콘텐츠도 따라 해본다. 영어뿐이 아니다. 다른 나라로 여행을 가기 전엔 어디가 됐든 그 나라 말을 조금이라도 배우려고 노력한다. 만나서 반갑다는 인사도 감사의 말도 맛있다는 표현도 현지어로 건네고 싶어서다. 그러면 현지 사람들이 내게 더 활짝 마음을 열고 더 큰 웃음을 지어 보이지 않겠나.

낯선 언어를 통해 새로운 세상과 만날 수 있었던 것처럼, 새롭게 배운 발레가 내 앞에 펼쳐 놓아줄 세계에 대한 기대감도 나를 설레게 한다. 이미 발레를 조금 할 줄 알게 된 뒤론 발레 작품을 보는 눈이 달라진 건 물론, 음악·미술 등 다른 예술 장르에 대한 이해의 폭도 이전보다 더욱 깊어졌다. 발레로 인해 이토록 흥미로운 세상과 마주하는 기쁨이라니! 아무래도 나는 발레를 더욱 사랑할 수밖에 없을 것 같다.

버티는
힘이
필요한 때

2부

삶의 속도를 늦추고 순간을 음미하는 일은
생각보다 더 큰 공력이 필요하다.
흔들림 없이 버티는 힘으로
나만의 '아다지오'로 살아가고 싶다.

인생 2막,
아다지오의
속도를 배우다

○

adagio

(아다지오)

느린 음악에 맞춰 다리를 천천히 들어
올리는 등 일련의 동작을 우아하게 해
내는 것.

ℓ

　'오늘 할 일을 내일로 미루지 말라'는 말을 들을 때면 좀 머쓱해지곤 한다. 난 오히려 내일 할 일까지 오늘 미리 해버리는 사람이기 때문이다. 한마디로 성격이 몹시 급하다. 지금 어떤 일을 하는 동안에도 머릿속은 다음에 할 일을 향해 내달리는 스타일이다.

　카카오톡에 있는 '나와의 채팅' 창은 날마다 내가 나에게 보낸 톡으로 빽빽하게 채워져 있다. 몇 시간 뒤나 다음 날, 더 멀리는 다음 주나 다음 달에 해야 할 일에 대한 생각이 쉴 새 없이 밀려와서 순간순간 거기에다 메모를 해둔다. 안 그러면 손에 잡고 있는 일일랑 서둘러 끝내버리고 머리에 떠오른 걸 당장 챙기려 들기 때문이다. '나와의 채팅'은 나중에 메모한 걸 찾아보면 된다고, 그러니 잊어버릴까 걱정 말고 지금 하는 일에 집중하라고 스스로에게 거는 일종의 브레이크인 셈이다.

기억을 거슬러 올라가보면 아주 어린 시절부터 그런 낌새가 보였다. 방학 숙제인 그림일기를 동생은 개학 전날 한꺼번에 몰아서 썼던 반면에 나는 늘 앞당겨 쓰곤 했다. 별로 일기 쓸 거리가 없는 날에 대비해 여러 가지 일들이 벌어진 날엔 그걸 쪼개서 며칠 치를 뚝딱 써버렸다.

이런 성격 탓인지 지금껏 살아온 삶도 숨 가쁜 속도전이었다. 입학도, 취직도, 결혼도, 출산도 죄다 빨리빨리 해치웠다. 남들보다 한 살 어린 일곱 살 때 국민학교(초등학교의 옛 이름)에 들어가, 재수 없이 대학에 입학하고, 졸업을 앞둔 4학년 2학기에 신문사에 덜컥 입사했다. 수습을 마치기 무섭게 결혼하고, 꼭 열 달 뒤 딸아이를 낳았을 때 내 나이가 불과 스물네 살. "애가 애를 낳았네!" 당시 회사 선배들이 혀를 끌끌 차며 했던 소리다.

회사 일 하랴, 집안일 하랴 몸이 서너 개라도 모자랄 만큼 바쁘게 살며 정신없이 키워낸 딸은 어엿한 30대 직장인이 되었다. 쉼표 없이 살아오느라 솔직히 힘겹긴 했지만 요즘도 아들딸 뒷바라지하느라 분주한 친구들을 보면 내 급한 성격이 꼭 나쁜 것만은 아니다 싶다. 만약 아이 교육도 미처 못 마친 채 회사에서 밀려났다면 어땠을까 하는 상상을 할 때면 더더욱 그런 생각이 든다.

다만 평생 단거리 경주하듯 살아와서 놀거나 쉬는 일에는 도통 젬병이다. 2006년 여름, 차장 진급을 앞두고 평기자 시절 막바지에 미국 대학으로 1년간 연수를 떠난 적이 있다. 기자들에게 무릇 연수라 하면 현지 문화도 즐기고 가족들과 여행도 많이 다니며 여유롭게 보내는 게 일반적이다. 분주한 업무에서 벗어나 자신을 돌아볼 수 있는 일생에 거의 유일한 기회이기 때문이다. 그런데 나는 그 단 한 번의 연수 기간조차 평소 일할 때 못지않은 속도로 질주하고 말았다.

우선 엄청난 분량의 영어 자료를 읽어 가야 하는 현지 대학원 수업을 학기당 두 과목씩 들었고, 한국에 있는 출판사와 원격으로 교감하며 자녀 교육에 대한 책을 써서 펴냈다. 어디 그뿐인가. 함께 데려간 중학생 딸을 이모저모로 챙기면서 나머지 시간마저 요가 수업, 영어 회화 클럽, 스페인어 수업, 요리 강좌 등으로 빈틈없이 채워버렸다.

당시 특파원 근무와 연수를 위해 인근 지역에 머물던 회사 후배들이 우리 집에 놀러 왔다가 달력 속의 내 일과표를 보고 기막혀했던 기억이 난다. "선배는 여기 와서도 이렇게 바쁘게 살고 싶어요? 아니, 이럴 거면 그냥 한국으로 돌아가세요."

그랬던 내가 느닷없이 회사를 떠나게 됐다. 그간 10년, 20년, 30년 차 직원들에게 주어지는 근속 휴가조차 단 하루도 쓴 적이 없는 나다. 길고 긴 코로나 기간 동안에도 재택근무 한 번 해보지 못했던 내가 입사 후 33년 만에 처음으로 아주 장기간의 휴가에 들어가게 된 셈이다. "그동안 진짜 고생 많이 했는데 당분간 아무 생각하지 말고 여행이나 다니면서 푹 쉬어." 만나는 이들마다 이구동성으로 했던 말이다. 사실 나도 그럴 생각이었다.

시작은 괜찮았다. 예전엔 꿈도 못 꿨던 9박 10일간의 스페인 – 포르투갈 여행으로 첫 단추를 꿰었다. 이전에도 유럽 여러 나라를 가본 적은 있지만, 바쁜 출장길이라서 그토록 가고 싶던 미술관도 박물관도 그저 스쳐 지나가야 했다. 순전히 놀러 간 이번 여행에선 자연 풍경도 예술 작품도 원 없이 볼 수 있어 좋았다. 모처럼 긴 여행을 다녀온 이후로도 한동안 발레 수업과 친한 사람들과 밥 먹고 수다 떠는 것 외엔 별다른 일정을 잡지 않고 느긋하게 지냈다. 그 무렵 만난 이들에게 "나는 절대 못 놀 줄 알았는데 막상 놀아보니 생각보다 좋은 것 같아. 앞으로도 많이 놀 작정이야"라며 섣부른 장담을 했다.

아, 하지만 사람은 쉬이 바뀌지 않는 모양이다. 채 한 달이 못 돼서 난 다시 '빨리빨리' 모드로 돌아가버리고 말았다. 발레 수업을 오롯이 즐기는 것만으로 모자라 책을 쓰기로 마음먹었고, 출판사와 후다닥 계약부터 맺었다. 누가 시킨 것도 아닌데 스스로 마감 시간마저 빠듯하게 정해놓고는 그걸 지키기 위해 주말도 없이 매일 저녁 늦게까지 원고 작업에 매달렸다. 거기에다 시간이 난 김에 대학에서 강의까지 해보겠다고 나서는 바람에 수업 자료를 만들고 학생들 지도하는 데도 많은 에너지를 쏟아붓고 있다.

이런 나를 보고 주변에선 "되레 회사 다닐 때보다 더 바쁜 것 아니냐"며 어이없어한다. 자기들 같으면 30년 넘게 뼈 빠지게 일했으면 적어도 1년간은 '계란 후라이'로만 살 텐데 도저히 이해가 가지 않는단다. 악동뮤지션이 노래한 〈후라이의 꿈〉 속 가사처럼 '누가 재촉해도 고민 하나 없이 퍼져 있는 계란 후라이같이 나른하게' 살 수 있다면 참 좋을 텐데…. 그게 내게는 더없이 어렵기만 한 일이다.

신기하게도 급한 성격이 발레할 때도 고스란히 드러난다. 수업 도중에 아다지오(adagio)를 출 때마다 선생님의 폭풍 지적이 쏟아진다. "너무 급해요. 천천히, 느리게, 음악에 맞춰 춤을 춰야죠!" 아다지오는 원래 음악에서 매우 느린 속도 혹은 그런 속도로 연주되는 곡을 일컫는다. 발레에서의 아다지오는 느린 음악에 맞춰 다리를 들어 올리는 등 다양한 동작을 천천히 연결해서 춤추는 걸 말한다. 하지만 나는 걸핏하면 음악의 속도를 무시하고 내 맘대로 앞질러 가서 다음에 해야 할 동작을 미리 해버리곤 한다. "제발 음악 좀 들어요. 이렇게 음악을 마구 무시하는 사람이었는지 미처 몰랐네요!" 선생님께 이런 얘길 들을 때마다 정말 쥐구멍에라도 숨고 싶은 심정이다. 평소 음악을 좋아한다고 떠들고 다니지나 말걸.

"음악을 무시하는 게 아니라 워낙 성격이 급해서 어쩔 수가 없다"고 구차하게 변명을 늘어놓았더니, 선생님 말씀이 원래 발레하는 걸 보면 그 사람 성격을 알 수 있는 법이라나. 외향적인지 내성적인지 또는 조급한지 느긋한지가 그대로 나타난다는 것이다. 굳이 내 입으로 털어놓기 전에 이미 아다지오와는 거리가 먼 사람이란 걸 발레 수업에서 속속들이 드러내 왔던 셈이다.

느린 속도로 사는 게 도무지 힘든 나로선 느린 속도로 춤을 추는 것 역시 너무나 어려운 일이다. 그나마 발레의 아다지오는 나만 힘들어하는 게 아니라는 점이 위안이 된다. 프로 무용수들조차 아다지오를 대부분 버거워한다고 한다. 느린 음악에 맞춰 다리를 천천히 들어 올리고 오랜 시간 동안 버텨 내려면 엄청난 지구력과 균형 감각이 필요하기 때문이다.

아직 몸이 충분히 단련되지 않은 나로선 몇 초간 다리를 들고 있는 것조차 몇 시간처럼 길게 느껴진다. 설사 끙끙대며 버텨낸다 해도 그것만으론 충분하지 않다. 아다지오의 진정한 매력은 일련의 힘든 동작들을 물 흐르듯 부드럽고 우아하게 해내는 데 있다. 어려운 티를 전혀 내지 않으면서 비현실적인 아름다움을 표현해내야 하는 것이다.

아다지오의 정수를 보여주는 것이 〈잠자는 숲속의 미녀〉속 '로즈 아다지오(rose adagio)'다. 처음으로 사람들 앞에 모습을 드러낸 오로라 공주가 네 명의 구혼자에게 청혼을 받는 장면이다. 네 남자가 차례로 건네는 장미꽃을 받아 든 공주는 느린 음악에 맞춰 다리를 높이 들어 올리는 고난도 동작들을 연이어 쉼 없이 해낸다. 그것도 한없이 우아하고 사랑스럽게. 그래서 발레리나라면 누구나 이 장면을 춤출 수 있길 꿈꾸지만 오직 정상급 기량을 가진 최고의 무용수만이 완벽하게 소화할 수 있다.

발레를 처음 배우기 시작했던 무렵엔 아다지오와 정반대라할 수 있는 빠른 속도의 음악에 맞춰 추는 알레그로(allégro)가더 어렵다고 느꼈다. 물론 지금도 음악의 박자가 빨라지면 몸이 내 맘대로 움직여주지 않고 팔다리가 우스꽝스럽게 꼬이기 일쑤다. 다만 알레그로로 추는 동작은 열심히 여러 번 연습하다 보면 어느 정도까지는 익숙해지기도 한다. 그런데 느린 음악에 맞춰 추는 아다지오는 좀처럼 나아질 기미가 없다.

시종일관 균형을 못 잡고 비틀비틀하던 완전 초짜 시절보다는 조금 나아졌지만, 한 다리를 든 상태에서 몸을 숙이는 팡셰(penché)나 뒤꿈치로 도는 프롬나드(promenade)를 할 때는 느리게 흘러가는 음악에 맞춰 버티기가 힘들어 자꾸 동작을 내 맘대로 후다닥 끝내버리곤 한다. 느리게 춤추기 위해선 어마어마한 내공과 훈련이 필요하다는 사실을 아다지오를 출 때마다 매번 실감하게 된다.

원래 아다지오는 이탈리아어 전치사 ad와 명사 àgio가 합쳐진 말이다. 영어의 at ease, 즉 '편안하게, 여유롭게, 느긋하게'와 같은 뜻이다. 그저 속도가 느린 것뿐 아니라 편안함과 여유로움, 느긋함이 배어 있어야 한다는 얘기다. 발레의 아다지오를 춘다는 건 바로 이런 느낌을 제대로 표현하는 것이다. 이를 위해선 몸을 어떤 식으로 움직여도 쉽사리 흔들리지 않고 버틸 수 있는 높은 수준의 공력이 필요하다. 그런데 난 여전히 지구력과 균형 감각을 충분히 갖추지 못한 탓에 아다지오를 출 때마다 조급하고 불편해지는 거였다.

내가 느리게 살기를 힘들어하는 것도 같은 이유 때문이 아닌가 싶다. 삶의 속도를 늦추고 순간순간을 천천히 음미하며 살기 위해서도 지금보다 훨씬 더 많은 공력이 필요한 것이다. 가쁜 호흡으로 종종걸음 치도록 자기 자신을 몰아붙이던 관성에서 벗어나 나만의 여유로운 리듬을 찾자면 말이다. 느긋하지만 나태하지 않고, 편안하지만 무기력하지 않은 속도로 인생 2막을 살아가려면 이제라도 나를 단련해나가지 않으면 안 된다. 지구력과 균형 감각은 비단 발레의 아다지오에만 필요한 게 아니었다. 빠른 속도로 달려가다 급정지한 뒤에 넘어지거나 주저앉지 않고, 느린 속도에 맞춰 삶을 계속 이어나가기 위해선 흔들림 없이 버티는 힘으로 단단히 무장해야 하는 거다.

하루아침에 될 일이 아니니 결코 서두르지 않을 것이다. 쉽지 않겠지만 우선 나를 멈추는 법부터 연습해보려 한다. 습관적으로 성급하게 앞으로 내달리려고 할 때마다 잠시 호흡을 고르며 쉬었다가 가보는 거다. 그래도 괜찮다고, 아니 외려 더 좋을 수도 있다고, 불안해하는 나 자신을 끊임없이 다독이면서 말이다. 그러다 보면 언젠가는 제대로 아다지오로 살 수 있는 날이 오지 않을까? 아마도 그때쯤이면 발레의 아다지오도 우아하고 아름답게 출 수 있게 되겠지!

끝내
버티는 힘

○
développé

(데블로페)

한쪽 다리를 축으로 삼고 다른 쪽 다리
를 앞·옆·뒤로 점진적으로 뻗는 동작.
움직이는 다리의 발끝을 축이 되는
다리의 복숭아뼈에서 시작해 무릎
부위로 밀어 올리다가 각 방향으로 쭉
뻗는 게 포인트.

ℓ

나는 틈만 나면 집에서도 식탁 모서리를 붙잡고 한쪽 다리를 옆으로 들어 올린다. 발레의 데블로페(développé) 동작을 연습해보는 것이다. 그런데 다리를 최소한 90도 각도로 들고 버티라는 선생님들 말씀이 무색하게도 겨우 60도쯤 올리는 게 고작이다. 게다가 무슨 돌덩이처럼 무겁게 느껴지는 바람에 불과 몇 초 만에 다리를 바닥으로 떨어뜨리곤 한다.

나뿐 아니라 발레 수업에서 대다수의 신입 수강생들이 가장 어려워하는 게 바로 이 데블로페다. 데블로페는 느린 음악에 맞춰서 다리를 점진적으로 끌어올려 앞·옆·뒤로 뻗은 뒤 그 상태에서 버티는 동작이다. 이런 버팀의 순간을 발레 수업에선 홀드(hold)라고 부르는데 정말 온몸이 부들부들 떨릴 만큼 힘이 든다. 이 책을 잠깐 내려놓고 일어서서 한쪽 다리를 가능한 한 높이 든 채 버텨보시라. 아마 다리에 묵직한 모래 주머니를 달아놓은 듯 중력을 이기지 못하고 다리가 땅으로 무력하게 내리꽂힐 것이다. 전공생들도 이 동작을 제일 싫어한다고 할 정도이니 우리 같은 취미 발레인들이야 두말할 나위가 없다.

이 힘든 동작을 굳이 수업 때마다 용을 써가며 해야 하는 이유는 뭘까? 바로 근지구력을 키우기 위해서다. 발레를 한다고 하면 대개 "유연성이 좋으신가 봐요"라고 말한다. 유연성이야 물론 중요하다. 발레리나 하면 머리에 닿을 만큼 높이 차올리는 다리 동작과 끝도 없이 뒤로 젖혀지는 허리, 두 다리를 일자로 찢으며 뛰어오르는 점프 같은 게 떠오르니까.

데블로페 동작 역시 다리를 90도 이상 높이 들어 올리려면 근육이 쫙쫙 늘어나지 않으면 안 된다. 이때 유연성 못지않게 필요한 게 바로 근지구력이다. 다리를 올린 뒤 바로 뚝 떨어뜨리는 게 아니라 충분히 버티면서 우아하고 사뿐히 바닥을 향해 내려야 하기 때문이다. 발레의 우아함은 하늘하늘한 유연성뿐 아니라 오랫동안 끈질기게 버티는 힘, 즉 강인한 근지구력에서 나오는 것이다.

내가 우아하게 데블로페를 해내지 못하는 이유 역시 근지구력 부족 탓이다. 유연성은 나쁘지 않아서 누군가가 옆으로 다리를 들고 잡아주면 5시 50분 정도까지 올라가긴 한다(서 있는 다리를 시계의 시침, 올리는 다리를 분침이라고 상상해보시라). 문제는 그 손을 놓는 순간 채 1초도 버티지 못하고 다리가 곧장 밑으로 떨어진다는 거다. 방법은 역시 연습으로 근육의 힘을 키우는 것뿐이다.

"발레에선 살라미 전술(얇게 썰어 먹는 이탈리아 소시지 살라미에서 유래)이 중요하다"는 선생님 말씀대로 단번에 큰 목표를 욕심내기보단 작은 목표를 세우고 차근차근 이뤄나가면 된다. 5시 40분에서 1분씩 높여가다 보면 올해 안에는 내 발레 친구 K처럼 90도, 즉 5시 45분에서도 거뜬히 홀드를 할 수 있을 거라 믿으면서 말이다.

데블로페를 할 때마다 우리 삶 전반에서 버티는 힘의 중요성을 새삼 되새기게 된다. 순발력과 유연성이 뛰어난 사람은 새로운 도전에 나서고 낯선 환경에 적응하는 데 유리하다. 어떤 상황에서든 빠르게 대처하고 자신의 길을 쉽사리 찾아낸다. 그런데 발 디딘 그곳에서 살아남아 끝내 성공하려면 반드시 지구력을 발휘해 버텨야만 한다. 임기응변만으론 견딜 수 없는 게 우리가 사는 세상이기 때문이다. 버티고 이겨내야 하는 어려운 상황은 누구에게나 반드시 닥친다. 또한 무슨 일이든 오랜 시간을 들여 꾸준히 반복하지 않으면 실력이 쌓이지 않는다. 누구나 갖기 원하는 관록도 그런 과정을 거쳐야만 얻을 수 있다. 물론 말처럼 쉽지는 않다. 큰 결심 끝에 시작한 일조차 사흘을 채 버티기 힘든 게 태반이다.

각 분야에서 일가를 이룬 사람들은 이런 이치를 온몸으로 터득하고 실천했다는 공통점이 있다. 우리나라의 전설적 발레리나 중 한 명인 문훈숙 유니버설 발레단 단장도 그렇다. 빼어난 표현력과 테크닉으로 러시아 마린스키 발레단에 초청돼 동양인 최초로 '지젤' 역할을 맡았던 그는 화장실 가는 시간만 빼곤 온종일 연습실에 틀어박혀 있을 정도로 지독한 연습 벌레였다. 그런 그가 서른아홉이 되던 해에 부상을 입고 발레를 그만두게 됐다. 일곱 살 때부터 발레를 시작했으니 32년 만이다. 갑자기 맞이한 은퇴로 많이 힘들지 않았을까 싶었는데 정작 그의 머릿속엔 엉뚱한 생각이 떠올랐다고 한다. "아, 사람이 발레를 안 하고 살면 이렇게 편하구나!"

발레 무용수들 사이엔 '연습을 하루 안 하면 자신이 알고, 이틀 안 하면 선생님이 알고, 사흘 안 하면 모두가 안다'는 불문율이 전해져온다. 그런 만큼 무용수들은 너나없이 하루도 빠짐없이 연습에 매진한다. 오늘 힘들다고 연습을 거르면 내일은 더 힘들고 모레는 두 배, 세 배로 힘들어지기 때문이다. 현역 발레리나 자리에서 은퇴하고 나서야 문 단장은 비로소 그 끊임없는 연습의 굴레에서 벗어나게 됐고, 이전에 자신이 얼마나 힘든 시간을 보낸 건지 새삼 실감이 났다는 거다. 물론 오늘날 그의 모습은 그렇게 오랜 세월 혹독하게 자신을 단련한 결과일 테지만 말이다.

결코 문 단장에 비할 순 없어도 나 역시 무엇이든 끈질기게 오래 해내는 편이다. 젊은 친구들에 비해 순발력은 떨어질지 모르지만 꾸준히 열심히 하는 일엔 자신이 좀 있다고 할까. 오죽하면 중학교 2학년 때 체육 선생님이 매일 하라고 일러주신 체조를 무려 40년째 실천하고 있을 정도다. 그때 선생님께 배운 일명 숫자 체조는 대략 다음과 같다. ① 누운 자세에서 두 다리를 모아 90도 각도로 들어 올린다 ② 다리를 곧게 뻗은 채 최대한 아래로 내려 숫자 1을 쓴다 ③ 다리가 바닥에 닿지 않게 주의하면서 2부터 100까지 차례로 써나간다. 처음 해보는 동작을 하느라고 끙끙대는 우리에게 선생님은 호언장담하셨다. "너희들이 오늘부터 날마다 자기 전에 이 체조를 한다면 멋진 몸매를 갖게 될 것이고, 평생 나에게 고마워할 것이다!"

얼마나 선생님 말씀을 곧이곧대로 잘 듣는 범생이인지, 나는 그날 이후 하루도 빠짐없이 꼬박꼬박 이 체조를 하고 나서야 잠이 들었다. 요즘은 매일 아침 눈뜨자마자 해오던 스트레칭에다 발레에 도움이 되는 동작이 추가되어 루틴이 많이 변하긴 했지만, 하루 30분씩 체조하는 습관만큼은 40년째 변함없이 유지하고 있다. 여행이나 출장을 가서도 거르지 않아 나와 한방을 썼던 친구와 동료들 사이에선 이른바 '신예리 체조'가 꽤 유명할 지경이다. 어쩌면 내가 50대 중반의 나이에 겁 없이 발레를 시작할 수 있었던 것도 40년 이상 해온 이 체조 덕분인지 모른다. 그 어떤 춤도 제대로 배워본 적 없지만 그럭저럭 발레 수업을 쫓아갈 정도의 몸 상태는 갖추고 있었던 모양이다.

끈질김은 단지 의지력만의 문제는 아니다. 어떤 일이든 한번 습관으로 만들면 큰 노력을 하지 않아도 끈질기게 할 수 있게 된다는 걸 숫자 체조를 통해 일찌감치 터득했다. 습관으로 자리 잡기까지 한 두어 달만 눈 질끈 감고 애쓰면 되는 것이다. 일터에서도 그랬다. 단기간에 폭발적인 성과를 내지는 못해도 여러 해에 걸쳐 꾸준하게 등락 없이 평균 이상을 유지하는 부류의 사람이었다고 생각한다.

일확천금을 버는 것만 높이 평가하는 게 세상인심이지만 돈으로 따지기 힘든 의미와 가치를 만드는 게 바로 시간의 힘 아닐까? 그래서 1년도 못 가서 문 닫는 프로그램이 속출하는 방송가에서 내가 만든 콘텐츠들이 오래오래 지속하며 몇 안 되는 장수 프로그램이 됐던 걸 더없이 자랑스럽게 여긴다. 진행까지 맡았던 〈밤샘토론〉은 무려 7년 2개월 동안 방송됐고, JTBC의 간판 교양물이었던 〈차이나는 클라스〉도 6년 3개월 간이나 시청자들의 많은 사랑을 받았다.

오랫동안 일터에서 치열하게 버텨낼 수 있었던 나의 무기는 바로 꾸준함과 끈기였다. 원래 나는 보도국에서 국제 뉴스를 만드는 국제부장을 맡고 있다가 시사교양 프로그램 제작을 총괄하는 보도제작국장으로 일하게 됐다. 그런데 부장·국장 업무만 한 게 아니라 동시에 토론 프로와 각종 특집 프로의 앵커 역할까지 병행하며 일종의 투잡(two jobs)을 뛰어야 했다.

한 가지 일도 어려운데 두 가지 직무를 어깨에 짊어지다 보면 소모되는 에너지가 만만치 않다. 일을 하나 끝내놓고 이제 겨우 쉴 수 있다 싶은 순간, 바로 다른 일로 옮겨가 동일한 수준의 집중력을 발휘해야 했다. 마지막 한 방울까지 쥐어짜는 듯한 생활의 연속이었다. 아마 즐겁지 않았다면 결코 해내지 못했을 거다. 그 즐거움이 꾸준하게 유지된 것도 버티는 힘의 일부였다. 즐겁지 않다면 얼마 못 가 지쳐 쓰러지고 말았을 텐데 내 몸의 어느 구석에선가 쾌락 호르몬을 끊임없이 만들어냈나 보다.

그런 내가 어느 날 갑자기 모든 걸 내려놓게 되었다. 문훈숙 단장의 표현을 빌리자면 "아, 사람이 매일 출근 안 하면 이렇게 편하구나!" 하는 생각이 드는 요즈음이다. 낙담하고 좌절하는 대신에 난 그동안 진짜 열심히 살아온 자신을 토닥이며 내가 처한 현실을 긍정적으로 받아들이고 있다. 50대 중반에 발레의 세계에 입문해 다시 초짜 신세가 된 것만 해도 그렇다. '할 수 있다'는 용기로 뛰어든 것에 그치지 않고, 발레 역시 내 특기인 끈기를 발휘해서 할 수 있을 때까지 오래오래 잘 해내고 싶다.

의지만으로 이겨내기엔 나이와 신체라는 장벽이 너무 크지 않냐고 말하는 사람들도 많다. 그럴 수 있다. 하지만 나는 그런 걸 고민할 시간에 차라리 연습을 더 하는 사람이다. 발레 수업을 가지 않는 날조차 수업 때 선생님께 지적받은 문제점을 고치기 위해 홀로 거실에서 몇 번이고 턴을 돌고 점프를 뛰어본다.

여전히 몸은 마음대로 움직이지 않고, 안 되는 동작이 더 많지만 분명한 건 매일 아주 조금씩이나마 나아지고 있다는 거다. 그거면 됐다. 오랫동안 끈질기게 하는 건 자신 있으니 느리더라도 한 걸음 한 걸음 나아가면 된다. 그러다 보면 언젠가 어딘가엔 분명 도달해 있을 테니까.

모든 건
태도에 달렸다

○

attitude

(아티튜드)

한 다리로 몸을 지탱하고 다른 다리를
무릎 부위에서 굽힌 상태로 앞으로,
뒤로, 혹은 옆으로 드는 동작. 원래는
90도로 굽히는 게 정석이지만 다리가
길어 보이게 하기 위해 45도 정도만
굽히기도 한다.

ℓ

　발레라고 하면 떠오르는 대표적인 동작 중 하나가 아
티튀드(attitude)다. 유튜브에 올라 있는 발레 동영상들을 보
면 '인생샷'을 찍기에 딱 맞춤인 발레 동작으로 아티튀드를
많이 추천한다. 직접 해보면 한 다리로 균형을 잡고 선 채 다
른 다리를 들어 올리는 것도, 든 다리의 무릎을 바깥 방향으
로 돌린 턴아웃 상태를 유지하는 것도, 발끝이 아래로 처지
지 않게 버티는 것도 무엇 하나 쉽지 않다.

　모든 발레 동작이 그런 것처럼 오랜 시간 연습을 통해 몸
을 단련해야만 비로소 우아한 아티튀드를 제대로 표현할 수
있다. 개인적으로 캉브레(cambré, 상체를 앞·옆·뒤로 숙이거나 넘기
는 동작)와 함께 아티튀드가 무척 아름다운 동작이라 여기며
좋아해서, 아무리 힘들어도 더 잘하고 싶어 열심을 내게 된다.

얼마 전 중고 서점에서 『발레의 기초 이론과 실기』라는 오래된 책을 구입했다. 거기에 이 동작에 관한 흥미로운 사실이 담겨 있었다. 19세기 이탈리아 출신의 무용가이자 당대 최고의 발레 교사로 꼽혔던 카를로 블라시스(Carlo Blasis)가 이 책을 썼는데, 바로 그가 아티튀드를 처음으로 고안한 사람이었다. 블라시스는 르네상스 시대의 유명 조각가인 잠볼로냐(Giambologna)가 만든 청동상 '메르쿠리우스(Mercurius, 그리스 신화에서 헤르메스라고 불리는 전령의 신을 로마에선 메르쿠리우스라고 부른다)'에서 영감을 받았다고 한다.

그 청동상 사진을 찾아봤더니 과연 아티튀드 자세와 신기하게도 닮아 있었다. 아름다운 조각 작품의 포즈에 감명을 받아서 그걸 본 딴 발레 동작까지 탄생시키다니 생각할수록 놀라운 이야기였다. 블라시스는 아티튀드가 "무용에 있어서 가장 사랑스러우면서도 가장 어려운 동작"이라며 "이를 완벽하게 구사한다면 장래에 뛰어난 무용수가 될 것"이라고 썼다. 자신이 창작한 발레 동작에 대한 무한한 자부심이 엿보인다.

흥미진진한 탄생 비화까지 알고 나니 아티튀드에 대한 나의 애정은 더욱 커져버렸다. 다만 책을 아무리 들춰봐도 블라시스가 왜 이 동작을 아티튀드라고 명명했는지는 통 알아낼 수가 없었다. 발레 동작 중엔 이름에 담긴 뜻과 동작의 내용이 그런대로 일치하는 경우가 많은데, 도무지 그렇게 이름을 붙인 이유를 헤아릴 수 없는 것들이 있다. 아티튀드가 바로 그런 예다. 프랑스어로 아티튀드는 영어의 '애티튜드(attitude)'와 마찬가지로 태도 혹은 자세를 뜻하는 말이다. 이게 저 우아한 발레 동작과 도대체 무슨 상관이 있는 건지 영 아리송하기만 하다. 그러다 문득 애티튜드, 즉 태도와 자세가 인생을 좌우하는 핵심 덕목이라는 점에 실마리가 있지 않나 하는 생각이 들었다. 창시자가 분명히 밝히지 않았으니 함부로 예단할 순 없겠지만 아티튀드가 발레에서 그만큼 중요한 동작이란 의미가 아닐까 나름대로 유추해본다.

내가 좋아하는 영어 경구 중에 'Attitude is everything'이란 말이 있다. 우리말로는 '모든 게 태도에 달렸다', '태도가 모든 걸 좌우한다' 정도가 될 텐데 사람이 어떤 태도를 취하는지에 따라 인생이 완전히 달라질 수 있다는 소리다. 100퍼센트, 아니 1000퍼센트 공감 가는 얘기가 아닐 수 없다.

나만 해도 사람을 평가할 때 늘 태도를 가장 중요시한다. "그 사람 어떠냐"는 질문을 받아도 "그 친구는 태도가 아주 좋아"라거나 "그 사람 태도가 별로야"라는 식으로 답을 한다. 직장에서도 대개 능력이나 경험이 좀 부족하더라도 진취적이

고 긍정적인 태도를 가진 이들이 각광받는다. 반대로 아무리 유능한 인물이라도 매사에 심드렁하고 부정적인 태도를 보이면 같이 어울리는 걸 꺼릴 수밖에 없다.

그간 함께 일했던 직장 동료들 가운데 태도가 좋은 사람이 많았지만 그중에서도 유독 깊은 인상을 남긴 후배가 있다. 초창기 기획 과정부터 시작해 여러 해 동안 나와 합을 맞춰 〈차이나는 클라스〉 제작을 이끌었던 초대 팀장 L이다. 유능한 PD, 뛰어난 리더이자 훌륭한 팔로워였던 그와 일하던 나날은 매 순간이 즐거웠다. 내가 '국내 최초의 쌍방향 강연'이라는 프로그램 콘셉트를 L에게 제안했을 때였다. 순간 반짝하고 눈에서 빛이 나더니 이렇게 외쳤다. "와, 그거 너무 재미있겠는데요!" L은 늘 그런 식이었다. "우리 방학 특집으로 공개 강연을 한번 해보는 건 어떨까?" "이번엔 스튜디오 말고 야외에서 현장 수업을 진행해볼까?" "음악 강연 때 미니 오케스트라를 동원해서 제대로 연주를 들려주는 게 가능할까?" 내가 아무리 어려운 주문을 내놓아도 그의 입에서 안 된다, 힘들다는 얘기가 먼저 흘러나온 적은 한 번도 없었다. 언제나 "재밌겠다"는 반응이 먼저였다.

상사인 내 비위를 무조건 맞추느라 그런 게 아니었다. L은 새로운 도전을 겁내지 않는 한없이 긍정적인 태도의 소유자

였다. 후배 PD나 출연자, 스태프와 연관 부서 직원을 대할 때
도 일 자체를 즐기는 특유의 유쾌한 태도를 잃지 않았다. 그
리고 그런 긍정 파워로 어쩔 수 없이 벌어지는 크고 작은 문
제들을 하나하나 돌파해나갔다. 〈차이나는 클라스〉가 신선한
도전을 거듭하며 장수 프로그램으로 자리 잡을 수 있었던 데
는 사람과 일에 대한 태도가 남다른 L의 기여가 매우 컸다.

　의욕 과잉으로 자꾸 일을 벌이는 나를 L이 그처럼 씩씩하
게 뒷받침해주지 않았다면, 수많은 제작진이 한마음 한뜻이
될 수 있게 살뜰히 다독거리지 않았다면 아마 우리 팀은 그렇
게 많은 성과를 올리지 못했을 것이다. 이토록 좋은 태도를
가진 후배와 오래오래 함께 일할 수 있었던 걸 지금도 큰 행
운이라 여기며 감사한 마음을 갖고 있다.

　그런가 하면 최근에도 일과 사람에 대한 남다른 태도로 나
에게 커다란 감명을 준 이가 있었다. 바로 손석구 배우다. 일
로 두 차례 만나게 됐는데 첫 만남은 내가 진행했던 유튜브
토크쇼 〈밤샘토크〉에 출연자로 나왔을 때다. 〈나의 해방일지〉
와 〈범죄도시 2〉가 잇따라 히트한 직후였기 때문에 어느 정
도 들떠 있거나 우쭐해하는 모습을 보여도 다들 그러려니 했
을 텐데 그에겐 눈곱만큼도 그런 기색이 없었다. 그는 성공을

체감할 틈도 없이 곧장 여러 작품에 투입돼 날마다 촬영 중이었다. '스타병'에 걸릴 겨를 없이 열심히 연기에만 몰두할 수 있어서 오히려 바쁜 일상에 감사한다고 말했다. 인기 절정의 순간에도 차분히 본업에 매진하는 손 배우의 태도가 무척 빛나 보였다. 지금은 대세 배우가 됐지만 그도 한때는 일이 너무 들어오지 않아서 온종일 천장만 바라보고 지냈을 만큼 앞날이 막막한 시기도 겪었다고 한다. 그래서 그 누구보다 연기에 대한 욕심이 많고, 연기에 진심인 배우가 된 게 아닌가 싶다.

손석구 배우와의 두 번째 만남은 그의 첫 토크 콘서트에 진행자로 초대받으면서 이뤄졌다. 1년여 만에 다시 만난 그는 변함없이 스타가 아닌 배우로 느껴졌다. 겸손하고 가식 없이 사람을 대하는 자세도 여전했다. 특히나 이번 만남에선 함께 일하는 동료를 배려하고, 연출자 못지않게 작품의 완성도를 고민하는, 그의 사려 깊은 태도를 재발견하게 됐다.

〈카지노〉란 드라마에서 남다른 케미를 보였던 필리핀 경찰 역의 외국인 배우와 어떻게 연기 합이 그렇게 잘 맞았느냐고 묻자 손 배우가 잘 알려지지 않았던 뒷얘기를 들려주었다. 원래 극 중에서 현지 경찰인 '마크' 역할은 비중이 매우 미미했다고 한다. 손 배우가 연기한 한국 경찰 '오승훈'을 차로 여기저기 데려다주는 정도였고 대사도 별로 없었다는 거다. 그런데 대본을 연구한 결과 한국에서 파견된 경찰이 필리핀에서 제대로 수사를 펼치기엔 애로가 많았을 테고, 그런 현실을 잘 살리자면 수사를 둘러싸고 마크와 오승훈이 초반에 티격태격하는 설정이 필요하다는 생각이 들더란다. 감독을 적극적으로 설득해 마크와 오승훈의 티키타카를 최대한 살리는 쪽으로 촬영이 진행됐고, 둘 사이의 감동적인 브로맨스가 펼쳐지게 된 거였다.

평소 손 배우는 동료 배우들과 감독이 '연구원'이라는 별명을 붙여줄 만큼 대본을 끌로 파듯 열심히 공부해서 연기하는 걸로 유명하다. 연기에 대한 진지한 태도가 홀로 빛나는 게 아니라 다른 배우와 함께 빛나고, 더 나아가 작품 전체가 빛나는 길을 찾게 해준 듯하다. 안 그래도 멋진 배우가 이렇게 태도까지 훌륭하니 팬들 입장에선 추앙하는 마음을 절로 품을 수밖에!

태도는 일과 삶을 좌우하는 결정적인 요인이다. 더욱이 놀라운 건 우리가 살면서 스스로 선택하고 통제할 수 있는 몇 안 되는 것 중 하나가 바로 태도라는 점이다. 우리는 이미 지나가버린 과거를 바꿀 수도 없고, 다른 사람들의 마음을 내

뜻대로 움직일 수도 없다. 하지만 일과 삶에 대해 어떤 태도를 가질지는 전적으로 자기 결정이다.

단, 지금 이 순간 결심했다고 해서 인생에 도움이 되는 태도를 순식간에 가질 수 있게 되는 건 아니다. 긍정적이고 진취적인 태도를 갖기 위해선 부정적이고 소극적인 생각이 들 때마다 애써 떨쳐내고 자기 자신에 집중해야 한다. 실패와 고난에서도 배울 점을 찾아내고 작은 일에도 감사하는 마음가짐을 키울 필요가 있다. 말하자면 좋은 태도는 고난도 발레 기술과 마찬가지로 끊임없이 자기 자신을 단련하고 수양해야만 가질 수 있는 귀한 덕목인 것이다.

앞으로 아티튀드를 할 때마다 발레를 대하는 나의 태도를 곰곰 되돌아보게 될 것 같다. 창시자인 블라시스가 말했던 것처럼 '가장 사랑스러우면서도 가장 어려운' 이 동작을 제대로 해내기 위해서 내가 선택할 수 있는 건 포기하지 않고 열심을 다하는 나의 태도뿐이니 말이다.

내 힘으로 어찌하지 못하는 타고난 신체적 조건 따위의 부정적인 생각은 접어두고, '할 수 있다'고 스스로를 다독이며 도전을 계속해나갈 것이다. 혹시 아나? 그렇게 날마다 최선을 다해 아티튀드를 하다 보면 생각보다 오래오래 멋진 발레 인생을 즐길 수 있게 될지!

온몸으로 말하는
발레

○

port de bras

(포르 드 브라) 발레의 팔 동작을 의미하는 말. 발에
다섯 가지의 기본자세가 있는 것처럼
팔에도 네 가지의 기본 동작이 있다.

발레를 처음 배우던 날, 선생님께선 무기한으로 날마다 계속해야 하는 부담스러운 숙제를 내주셨다. "앞으로 매일 1분씩 투자해 거울 앞에서 포르 드 브라(port de bras)를 연습하세요. 연습한 사람과 안 한 사람은 나중에 확실히 차이가 나게 됩니다!" 발레의 팔 동작을 뜻하는 포르 드 브라는 발 동작 못지않게 낯설기 짝이 없었고 좀처럼 몸에 익지가 않았다. 설명을 듣고 따라 해봐도 뻣뻣하고 어색한 것이 도무지 자연스럽질 않았다. 그걸 벗어나는 길은 오직 연습뿐이라고, 그것도 하루도 빠짐없이 꼬박꼬박 해야 한다고 선생님께서 첫 수업에서 일러주신 것이다.

뭐든 시키는 대로 열심히 하는 범생이 기질 탓에 그날부터 오다가다 거울만 보이면 반사적으로 네 가지 기본 팔 동작을 반복해서 해보곤 했다. 하지만 그렇게 연습을 해가도 매번 수업 때마다 "그게 아니다" "틀렸다"는 지적이 쏟아졌다. 그러면 지적 사항을 반영해서 다시 연습하고, 다음 수업에서 또 지적받고 연습하기를 되풀이했다.

포르 드 브라에서 가장 기본자세는 앙 바(en bas)다. 앙 바는 어깨를 쭉 내린 상태에서 두 팔과 손을 아래로 내려 원 모양을 만드는데, 이때 양쪽 겨드랑이는 달걀 하나 정도가 들어갈 정도로 몸에서 띄우고 두 손은 서로 붙지 않도록 떨어뜨린다. 이 상태에서 팔을 그대로 앞으로 들어 올려 가슴선 바로 아래 정도에 둔 상태가 안 아방(en avant)이다. 다시 두 손을 위로 올려서 이마 앞쪽에 위치시키면 앙 오(en haut)가 된다. 마지막으로 알 라 스공드(à la seconde)는 팔을 양쪽으로 길게 뻗는 자세이다. 팔이 어깨 뒤로 빠지거나 팔꿈치가 아래로 처지지 않도록 각별히 신경 써야 한다.

그야말로 핵심만 간추려 정리한 게 이 정도이고 세부적인 주의 사항까지 말하자면 정말 끝도 없다. 그러다 보니 동작마다 어느 한 가지를 챙기다가 다른 걸 깜빡하고 놓치기 일쑤라서 수업 내내 선생님의 지적 세례를 받게 된다. "안 아방에서 손바닥이 하늘을 향하게 해주세요." "팔꿈치가 옆을 향하게 더 턴아웃을 시켜요." "앙 오 할 땐 앞에서 손바닥이 보이면

안 돼요."어깨를 더 내려요. 알 라 스공드에선 목부터 어깨, 팔꿈치, 손목, 손가락까지 물방울이 또르르 굴러갈 수 있게 선이 나와야 돼요."

내가 특히나 많은 지적을 받은 자세는 알 라 스공드였다. 자꾸만 팔꿈치가 아래로 처진다. 신경 써서 올려도 그때 잠시뿐이고, 복잡한 발 동작에 정신이 팔리면 금세 또 팔꿈치가 밑으로 떨어지곤 했다. "하루 1분씩 꾸준히 연습하면 반드시 좋아진다"더니 내 팔은 왜 계속 이 모양 이 꼴인 건지 회의가 들 무렵, '아하!' 하고 요령을 깨우치는 유레카 모멘트가 찾아왔다. 그냥 어깨만 내리면 팔꿈치가 처지지만 어깨가 아닌 등에 힘을 주고 내리면 팔 모양이 안정적으로 유지된다는 걸 발견했다.

발레의 모든 동작에서 기본 중 기본인 풀업을 까맣게 잊고 있었던 게 문제였다. 알 라 스공드를 포함한 팔 동작을 할 때도 등 쪽의 날개뼈를 모아서 어깨를 내리며 가슴을 펴는 풀업을 기본으로 장착해야 했던 거다. 제대로 된 포르 드 브라는 다름 아닌 등에서 시작된다. 팔 동작을 팔로만 하는 게 아니라 등도 함께 움직여야 한다. 무대 위 발레리나들의 잘 단련된 등 근육을 떠올려보니 과연 그렇겠구나 싶다.

팔 동작이 서투르면 아무리 발을 열심히 놀려봤자 전혀 발레하는 태가 나지 않는다. 발레에서 하체가 테크닉 구사를 담당한다면, 팔을 비롯한 상체는 아름다운 감성을 표현하는 역할을 하기 때문이다. 발 동작에 맞춰 팔 동작과 시선 처리, 얼굴 표정까지 완벽하게 조화를 이뤄 모든 게 딱 맞아떨어질 때 비로소 춤다운 춤이 완성된다. 실제로 발레 공연을 보러 가도 가장 먼저 관객들의 눈길을 사로잡는 건 무대 위 무용수의 얼굴 표정과 목선, 그리고 우아한 팔의 움직임 아닌가. 그만큼 상체의 역할이 중요하다.

발레에서 테크닉은 물론 감성 표현이 더없이 중요하다는 걸 체감하게 되면서 포르 드 브라를 잘하고 싶다는 마음이 점점 더 커져갔다. 결국 발레는 춤이고, 춤이란 몸으로 나의 느낌을 온전히 표현해야 하는 장르이니 말이다. 특히 키가 작고 팔이 길지 않은 내 몸의 특성을 반영해서 가장 아름다워 보이는 나만의 포르 드 브라 라인을 찾으려는 노력도 기울였다. 앙 오를 할 때 두 손이 너무 가깝게 붙으면 키가 더 작고 팔이 더 짧아 보이기 때문에 손 사이를 좀 넓게 벌려서 커다란 원 모양을 만든다.

그렇게 6개월쯤 공을 들이고 나니 서서히 애쓴 보람이 나타나기 시작했다. "오, 포르 드 브라가 엄청 좋아졌어요." "방금 전 알 라 스공드는 거의 완벽했어요." 평소 J 선생님께 단골로 지적받던 바로 그 마(魔)의 팔 동작으로 칭찬을 듣게 된 거다. 언젠가 뒤쪽이 깊게 파인 레오타드(발레 연습복)를 입은 날은 "등 근육을 제대로 움직여서 팔 동작을 하기 시작한 게 눈에 보인다"면서 '엄지 척'을 해주시기까지 했다. 해도 해도 안 되던 나에게 이런 날이 찾아오다니 도저히 믿기지 않았다.

"다리로 하는 발레 동작은 취미 발레인들 입장에선 아무리 노력해도 안 되는 게 있을 수 있어요. 하지만 팔로 하는 동작은 열심히 연습만 하면 결국엔 다 해낼 수 있습니다." 언젠가 J 선생님이 해주신 말씀이 문득 생각났다. 맞다. 점프도, 턴도 꾸준히 연습해왔지만 아직 만족스럽지 못한 수준이다. 반면 포르 드 브라는 노력한 만큼 많이 좋아졌다는 평가를 받게 되었다. 그렇다면 앞으로 내가 갈 길은 발과 다리의 부족함을 팔 동작으로 채워나가는 걸까? 암튼 뭐라도 하나 잘하는 게 있다고 하니 발레를 계속해서 연마해나갈 크나큰 동기를 부여받은 느낌이다.

포르 드 브라에선 팔뿐 아니라 손도 굉장히 중요하다. 손 모양이 이상하면 절대로 아름다운 감성을 표현할 수 없다. 그럼 발레할 때 손 모양은 어떻게 해야 할까? 일단 힘을 주면 안 된다. 그렇다고 너무 힘을 빼서 흐느적거려도 안 된다. "적당히 힘을 빼라"는 게 선생님들의 한결같은 주문이다. 물론이 '적당히'만큼 애매하고 어려운 게 없다. 억지로 모양을 만들다보면 힘이 많이 들어가서 자칫 로봇이나 레고 인형 손처럼 되기 십상이다. 어떻게 로봇 손, 레고 손으로 사랑에 배신당한 지젤의 슬픔이나 사랑에 달뜬 키트리의 사랑스러움을 표현할 수 있겠는가. 그만큼 발레의 포르 드 브라에서 손 모양이 중요하다는 얘기다.

팔 동작과 손 모양, 얼굴 표정과 시선… 온몸으로 말하는 발레라니 너무나 매력적이지 않은가. 나도 꾸준히 수련해서 아름다운 포르 드 브라의 선을 만들어내고, 더 나아가 나만의 감성과 스토리를 전달하는 수준에 이르고 싶다. 그렇게 발레의 진정한 매력을 표현할 수 있는 날이 꼭 올 거라고 믿으며 오늘도 거울 앞에 서서 1분 연습을 한다.

다리가 하는 일을
얼굴에 드러내지
말라

O

coordination

(코디네이션)

몸의 각기 다른 부위들을 자연스럽게
함께 움직일 수 있는 능력. 발레에서
어떤 동작을 하든지 팔과 다리의 움직
임이 유기적으로 딱딱 맞아떨어져야
함을 일컫는다.

ℓ

　처음 발레 학원의 문을 열고 들어섰을 때, 내 시선을
가장 먼저 사로잡은 건 바닥에 앉거나 누워서 살벌하게 스트
레칭을 하는 수강생들의 모습이었다. 다리를 양옆으로 벌려
찢기도 하고, 그 상태에서 가슴을 바닥에 붙인 채 엎드려 있
기도 하고… 각자 기기묘묘한 자세로 수업에 앞서 몸을 풀고
있었다.

　신기한 건 그렇게 고난도 동작을 하면서도 표정은 힘든 기
색 하나 없이 평온해 보였고 심지어 서로 여유롭게 대화까지
나누고 있었다는 거다. 개 중엔 낯선 광경에 얼떨떨해하는 나
와 눈을 맞추곤 싱긋 미소를 지어 보이는 이들도 있었다. 마
치 '어서 와, 발레 학원은 처음이지?'라며 스왜그(swag) 넘치
는 인사를 건네는 듯했다.

몇 달의 시간이 흐른 지금, 나 역시 학원에 도착하면 스트레칭부터 한다. 수업에서 본격적인 발레 동작을 하기 전에 몸을 미리 준비시키는 것이다. 수업 도중에도 선생님의 지도 아래 본격적인 스트레칭을 하기도 한다. 다행히 나는 나이에 비해 몸이 유연한 편이라는 소리를 듣기는 하지만 이런 고강도 스트레칭 시간이 늘 반가운 것만은 아니다. 동작 하나하나 대충 하지 않고 제대로 해내려면 적지 않은 고통을 감수해야 하기 때문이다.

때때로 선생님께서 직접 붙잡고 발등을 더 많이 늘리거나 다리를 더 많이 찢을 수 있게 도와주시기도 하는데 그럴 때면 정말 '악' 소리가 절로 난다. 그래도 발레 동작을 할 때 다리를 더 높이 들고 허리를 더 잘 구부리려면 스트레칭으로 유연성을 키워주는 과정이 필수이니 이를 악물고 참아내는 수밖에.

간혹 기초반 수강생들 중엔 "아파서 도저히 스트레칭을 못 하겠다"며 열외를 요청하는 사람도 있다. 선생님은 억지로 하라고 시키는 대신 이런 말씀을 하신다. "다 아프지 안 아픈 사람이 어디 있겠어요. 아픈데 그걸 웃으며 참아내는 사람과 못 참고 포기하는 사람이 있는 거죠. 우리 몸은 정직합니다. 하루에 1밀리미터씩 더 굽히는 훈련을 하다 보면 열흘이면 1센티미터, 100일이면 10센티미터의 차이가 나게 됩니다."

그러고는 "에휴" 하고 한숨을 내쉬면서 연륜에서 우러난 잔소리 한마디를 덧붙이실 때도 있다. "스트레칭이 힘들다고요? 인생 좀 더 살아보세요. 스트레칭은 힘든 축에도 못 낍니다." 그 얘기에 격하게 공감이 가서 나도 몰래 배시시 웃음을 터뜨리고 말았다. 아무래도 선생님이 나와 동년배라 가끔씩 젊은 수강생들은 동의하기 힘든 대목에서 나 혼자 속으로 "옳소!"를 외치곤 하는데 그때가 바로 그랬다.

발레 스트레칭이 안 힘든 건 아니지만 살면서 이래저래 겪게 되는 몸고생, 마음고생 가운데 그에 비할 수 없이 고통스러운 일이 수없이 많다. 그걸 아는 나는 조금 힘들어도 군소리 한마디 없이 가슴이 땅에 닿도록 구부리라면 구부리고, 다리를 일자로 찢으라면 찢으려고 용을 쓴다. 다만 아직은 내가 학원에 온 첫날 마주쳤던 선배 수강생들처럼 편안한 표정까지 장착하지는 못했다. 좀 더 시간이 흐르고 지금보다 10센티미터만큼 더 몸을 구부릴 수 있는 날이 되면 비로소 힘들어도 힘든 티 안 내는 경지에 도달할 수 있으려나.

발레는 힘든 기색을 내비쳐서는 안 되는 표정의 예술이다. 모든 춤이 그렇겠지만 무대에 선 무용수의 표정 연기가 관객을 사로잡는 데 그 무엇보다 중요한 요소다. 그러니 아무리 힘든 동작을 하고 있더라도 얼굴에선 미소가 떠나지 않아야 한다. 게다가 이 발레리나다운 표정은 무대 위뿐 아니라 무대 뒤에서도 유지돼야 한다. 그래서일까? 비록 우리가 프로 무용수들도 아니고 지켜보는 관중도 없지만 선생님은 늘 표정 관리의 중요성을 강조하신다. '네 다리가 하는 일을 네 얼굴에 드러내지 말라'는 게 발레의 주요 '계명'이라면서.

솔직히 기초반 수강생에게 표정까지 신경 쓰라는 건 무리한 주문이다. 초반엔 다리 움직임을 안 틀리려고 기를 쓰는 것만 해도 힘겹지만, 머지않아 다리와 팔의 움직임이 딱딱 맞아떨어지는 코디네이션(coordination)까지 해내야 한다. 여기서 한 단계 더 발전하면 팔이 나가고 발이 나가는 방향에 따라 자연스럽게 시선 처리를 하는 과정에 돌입한다. 이때도 단지 팔이나 발 쪽을 쳐다보면 되는 게 아니라 동작에 따라 고개를 기울이는 방향도 달라져야 한다. 산 넘어 산이다. 거기에다 표정까지 신경 쓰라니 용량 초과요, '대략 난감'이 아닐 수 없다.

아직 내공이 턱없이 부족한 나는 때에 따라 표정이 들쑥날쑥하다. 많이 해봐서 좀 자신 있는 동작을 할 때는 그나마 입가에 미소를 띠는 게 가능하다. 하지만 처음 해보거나 아직 몸에 완전히 익히지 못한 어려운 동작을 해야 할 때는 대번에 표정이 무너지곤 한다. 그러면 선생님은 "아니, 왜 갑자기 무서운 얼굴이 됐어요? 표정 좀 펴세요"라고 놀려서 황급히 '썩 소'를 짓는다. 간혹 보충 수업차 기초반에 들어오는 상급반 수강생들을 보면서 가장 다르다고 느끼는 부분 역시 바로 표정 관리였다. 엄청난 실력 차뿐 아니라 점프를 할 때도, 턴을 할 때도 항상 입꼬리가 올라간 채 미소를 유지하는 모습이 그 야말로 탄탄한 내공을 실감케 했다.

발레를 시작하기 전, 방송 진행을 하던 시절에도 표정 관리의 어려움을 겪었다. 나는 소위 '포커페이스(속마음을 나타내지 않는 얼굴)'와는 거리가 먼 타입이라서 방송을 할 때조차 얼굴에 감정이 그대로 드러나곤 했다. 앵커로선 큰 단점이 될 수밖에 없는 문제였다. 게다가 내가 오래 진행했던 〈밤샘토론〉이란 프로그램은 첨예한 이슈를 놓고 찬반 양쪽 진영의 패널들이 논쟁을 펼치는 포맷이었다. 앵커는 그 사이에서 공정하고 중립적인 입장을 유지해야 하는데 표정을 잘못 지었다간 자칫 특정 진영을 편든다는 오해를 살 수 있었다.

하지만 장시간 토론 도중에 패널들이 했던 말을 계속 반복하거나 논리에 맞지 않는 얘기를 늘어놓을 때면 나도 몰래 표정에 짜증스러움이 드러났다. 어떤 상황에서도 흔들림 없이 평온한 표정을 지으려고 노력해봐도 서너 시간씩 밤을 새워

126

진행하는 프로그램이라 그 상태를 내내 유지하는 게 쉽지 않았다. 고심 끝에 제작진과 함께 묘수를 찾아냈다. 카메라가 내 얼굴을 클로즈업할 때는 PD가 인이어(in-ear) 이어폰을 통해 미리 사인을 해주기로 한 거다. "앵커 리액션(reaction, 반응) 갑니다"라는 소리가 들려오면 재빨리 표정 관리에 들어갔다. 그렇게 훈련을 무수히 반복하다 보니 나중엔 PD의 사인이 없어도 스스로 표정이 좀 무너졌다 싶으면 금세 추스르고, 또 무너지면 다시 추스르는 경지에 이르게 됐다.

살다 보니 발레할 때나 방송할 때뿐 아니라 평소에도 표정을 보기 좋게 관리하는 노력이 필요하다는 걸 갈수록 체감하게 된다. 어떤 얼굴로 사는지가 사람의 인생을 생각보다 많이 달라지게 만들기 때문이다. 돌이켜 보면 신문 기자 초년병 시절, 일찌감치 그걸 가르쳐준 고마운 분이 있었다. 늘 온화하게 미소 짓는 표정이 인상적이었던 J 선배였다.

J 선배는 일에 몰두하고 있을 땐 심각한 얼굴이었다가도 "선배~" 하고 부르면 으레 특유의 하회탈 같은 표정으로 돌아보곤 했다. 언젠가 술자리에서 그 비결을 물었다. 선배는 어떻게 늘 그렇게 웃는 얼굴이냐고. 그런데 뜻밖에 "나는 원래 그런 표정을 지을 줄 모르는 사람이었어"라는 답이 돌아왔다. 인생에서 이런저런 힘든 일을 겪고 중년에 접어든 어느 날, 선배는

거울에 비친 자기 모습을 보고 큰 충격을 받았단다. 스스로 보기에도 너무 무섭고 험상궂은 남자가 거울 속에 있었기 때문이다. 그리 행복할 것 없는 상황을 견디는 동안 자기도 모르게 얼굴이 변해버린 것이다. "그때 결심했어. 표정을 바꾸기로. 이렇게 무시무시한 얼굴로 살다 보면 아무도 나한테 다가오지 않을 거고 그럼 나는 더 불행해질 테니까. 그래서 날마다 거울 앞에 서서 웃는 연습을 하기 시작한 거야."

처음엔 안 쓰던 근육을 쓰려니까 웃는 것도 우는 것도 아닌, 어색하기 짝이 없는 표정이 나오더란다. 오랜 시간에 걸쳐 눈꼬리를 내려도 보고 입꼬리를 올려도 보면서 가장 보기 좋은 표정을 찾아냈고, 그걸 무수히 연습한 끝에 선배의 트레이드마크인 사람 좋아 보이는 미소가 탄생하게 되었다고 한다. 감탄을 금치 못하면서 진짜로 궁금했던 질문을 던졌다. "표정을 바꾼 뒤에 선배의 인생은 어떻게 달라졌어요?"

"나는 원래 날카로운 사람인데 표정만 보곤 다들 둥글둥글한 줄 알고 편하게 다가오는 거야. 그런 사람들을 실망시킬 수 없어서 노력하다 보니 성격도 예전보다 훨씬 원만하게 변했지. 그 덕에 신예리 씨랑도 친한 사이가 될 수 있었고 말이야. 만약 내가 무서운 얼굴로 다녔으면 같이 안 놀아줬을 거잖아, 안 그래?"

"표정을 바꾸면 인생이 달라진다"는 선배의 교훈이 얼마나 인상 깊었는지 7년 전쯤 오랜만에 만난 옛 친구에게 그 비법을 고스란히 전해준 적도 있다. 중학교 때 이후로 한 번도 못 보다 우연한 기회에 다시 만난 친구였다. 그런데 처음엔 알아보기 힘들 정도로 낯설게 느껴졌다. 나이가 들어서 그런 것만은 아니었다. 인생의 부침이 많았는지 어릴 적 귀엽던 인상은 온데간데없고 잔뜩 찌푸린 표정을 하고 있어서 전혀 다른 사람처럼 보였다. 지금은 딱히 힘든 상황이 아닌 데도 이미 굳어져 버린 표정을 좀체 떨쳐내지 못하고 있는 상태였다. 친구에게 오랜 노력으로 표정을 바꾼 J 선배의 얘기를 해주며 예전에 친구가 얼마나 사랑스러운 미소의 소유자였는지 일깨워주었다.

　몇 해가 흐른 뒤 연락이 와서 그 친구를 재회하게 됐는데 또 한 번 깜짝 놀라고 말았다. 7년 전에 봤던, 힘들어 죽을 것 같다는 표정이 사라지고 얼굴에 미소가 돌아와 있었기 때문이다. 주름살도, 흰머리도 여전했지만 그때와는 완전히 딴사람이 되어 있었다. "네가 시키는 대로 자주 거울을 보고 웃는 연습을 했어. 그랬더니 효과가 있더라. 만나는 사람들마다 얼굴 좋아졌다고, 무슨 좋은 일 있냐고 하더라고. 근데 그런 얘기 들으니까 특별히 좋은 일이 없는데도 기분이 좋아지는 거

있지. 그래서 또 웃게 되고 말이야."

세상에 힘들지 않은 인생이 어디 있겠나. 다들 저마다의 고민과 무거운 짐을 짊어지고 하루하루 버티며 살아간다. 그런데 어려움이 닥칠 때마다 자기가 세상에서 제일 힘들다고 얼굴에 광고하고 다니는 사람들이 있는가 하면, 좋지 않은 상황에서도 애써 밝은 표정을 짓는 이들도 있다. 둘 중 하나를 골라야 한다면 내 선택은 단연 후자 쪽이다. 인상 쓴다고 덜 힘들어지는 것도 아니고 내가 그러고 다닌다고 다른 사람이 내 문제를 대신 해결해줄 것도 아니니까. '웃으면 복이 온다'는 그 진부한 말이 실제가 될 수 있다는 걸, 환한 미소가 우리 인생을 통째로 바꿀 수도 있다는 걸 굳게 믿으며 오늘도 많이 웃어볼까 한다.

우아하지만
단단한 발레처럼

○

arabesque

(아라베스크)

한 다리는 쭉 편 채 서고 나머지 다리를
뒤로 들어 올려 쭉 뻗는 동작. 팔 동작은
다양하게 취할 수 있는데 서 있는 다리 쪽
팔을 앞으로, 뒤로 든 다리 쪽 팔을 옆으로
뻗는 자세를 1번 아라베스크라고 한다.

발레를 배우기 시작한 지 한 달쯤 되었을 무렵, 스페인과 포르투갈로 열흘간 여행을 다녀오게 됐다. 모처럼 긴 여행을 떠나는 데 대한 설렘과 함께 이제 막 첫발을 뗀 발레를 싹 다 잊어버리게 되는 건 아닌지 은근히 걱정이 들었다. 이 얘기를 같은 학원에 다니는 회사 후배 J한테 했더니 "선배, 그럼 그동안 배운 것도 되새길 겸 여행지에서 발레 동작을 하면서 인증샷을 찍어 오시는 건 어때요?"라고 흥미로운 제안을 했다. 취미 발레인들 중에 멋진 풍경을 배경으로 인생 사진을 남기는 사람들이 많다면서 말이다.

　그런데 막상 여행을 다녀 보니 소위 '포토 스폿'이라고 불리는 사진 찍기 좋은 명소에는 사람들이 몰려 있어 도저히 발레 동작을 시도할 엄두가 나지 않았다. 내공이 켜켜이 쌓인 실력자라면 모를까 나 같은 초심자가 어설프게 나섰다간 괜히 망신살만 뻗치지 싶었다.

그래도 일말의 아쉬움이 가시지 않던 차에 여행 막바지에 마침내 기다리던 기회가 찾아왔다. 스페인 여행을 마친 뒤 포르투갈의 아름다운 항구 도시 포르투로 이동했던 날이다. 숙소에 짐을 풀고 저녁을 먹으러 로비로 내려갔다가 바닷가로 향하는 문이 있길래 열고 나가니 때마침 석양이 지고 있었다. 색색의 노을로 물든 대서양을 보면서 탄성을 내뱉던 순간, 문득 이때를 놓치면 안 되겠다는 생각이 들었다.

재빨리 옆에 서 있던 일행에게 휴대전화를 건네며 다른 사람들이 오기 전에 얼른 사진을 찍어달라고 부탁했다. 바로 그 찰나의 순간에 나도 모르게 취했던 동작이 아라베스크 (arabesque)였다. 발레 인증샷을 찍겠다고 생각하자 본능적으로 한 달여 동안 배웠던 여러 동작들 가운데 그 자세가 제일 먼저 떠올랐다. 남들이 볼까 무서워서 서둘러 팔다리를 내리고 사진부터 확인했다. 풍경이 워낙 멋져서 그런지 내 눈엔 인생 사진으로 꼽기에 손색이 없어 보였다. 용기 내길 참 잘했다 싶어 흡족해하면서 가족과 친구들 단톡방 여기저기 올려 자랑까지 했다.

한국에 돌아와 학원에 다시 나가자 선생님께도 사진을 보여드리고 칭찬받고 싶은 마음이 불쑥 들었다. 배운 지 한 달밖에 안 된 제자가 멋지게 발레 인증샷을 찍은 걸 보시면 분명 뿌듯해하실 거라고 믿어 의심치 않은 거다. 그런데 웬걸? 선생님은 사진 속 내 모습을 척 보시더니 딱 한마디를 던지셨다. "앞으로 1년쯤 지나면 아마 아라베스크 라인이 좀 달라질 겁니다."

예상과 너무도 다른 반응에 당황스럽기 짝이 없었다. '앗, 나의 라인이 뭐가 잘못된 거지? 아라베스크가 원래 저렇게 하는 게 아니었나?' 머릿속에 오만 가지 생각이 떠오르는 가운데 겨우 정신줄을 부여잡았다. "그럼요. 이제 불과 한 달밖에 안 됐잖아요. 1년 안에 제대로 된 아라베스크를 할 수 있도록 더 열심히 해보겠습니다, 선생님!"

내심 기대했던 칭찬은커녕 되레 뼈아픈 지적을 받을 줄이야. 후회막심한 심정으로 뒤늦게 유튜브와 인터넷을 샅샅이 뒤져가며 아라베스크 공부에 나섰는데, 모 발레 학원 원장님이 올린 글이 유독 눈에 띄었다. '아라베스크는 일반인들도 발레를 따라 하라고 하면 가장 많이 하는 동작. 하지만 제대로 하기까지 가장 오랜 시간이 걸림. 수강생들 실력이 얼마나 늘었는지 평가하려면 아라베스크 라인을 보면 됨.' 아, 밀려오는 부끄러움에 한숨이 절로 나왔다. 정확하게 나를 저격해서 쓴 글처럼 느껴졌다. 하룻강아지 범 무서운 줄 모른다더니 왕초보 주제에 겁도 없이 아라베스크 인증샷을 찍고 우쭐했구나.

겨우 마음을 다잡고 올바른 자세를 취하는 법을 찾아보니 내가 뭘 잘못한 건지 답이 딱 나왔다. 아라베스크를 할 땐 우선 허리를 꼿꼿이 세우는 게 중요하다. 그 상태에서 양다리를 쭉 편 채 한 다리로 서고 다른 다리를 뒤로 90도 이상 드는 것이다. 이때 든 다리의 무릎이 땅 쪽을 향하면 안 되고 다리부터 발까지 바깥쪽으로 열리는 턴아웃도 확실히 해야 한다. 그런데 사진 속 내 자세를 보면 허리를 똑바로 세우지 못한 채 몸이 앞으로 기울어 있다. 뒤로 든 다리는 쭉 펴지도 못하고 턴아웃도 완벽하지 못해 엉거주춤한 상태다. 다리를 든 각도가 90도에 미치지 못하는 건 물론이다.

평소 선생님들께서 아라베스크를 할 때마다 "허리 세워라" "무릎 펴라" "뒷다리가 앞쪽 거울에 보이면 안 된다. 더 높이 들어라" 귀에 못이 박히도록 말씀하셨던 게 그제야 기억이 났다. 그게 무슨 뜻인지 알아듣지 못한 채 늘 하던 대로 팔을 뻗고 다리를 들며 내 딴엔 아라베스크를 잘한다고 여긴 것이다.

하지만 나는 자타가 인정하는 긍정적인 사고의 소유자 아

닌가. 이제 더 이상은 창피해하지 않기로 했다. 이제라도 아라베스크를 제대로 하는 법을 깨우치게 됐으니 얼마나 다행인가. 선생님 말씀처럼 1년쯤 뒤에 내가 완전히 달라진 라인을 선보일 수 있게 된다면 그 모습 역시 카메라에 담아서 두 사진을 나란히 벽에 걸어 두리라 야무진 포부도 품었다.

그나저나 아라베스크에 대해 여전히 풀리지 않는 의문이 하나 있다. 왜 이 동작을 아라베스크라고 부르는 걸까? 아무리 뒤져봐도 답을 찾을 수 없었다. 사전적으론 단어의 철자(arabesque)에서 짐작할 수 있듯 '아랍(Arab) 풍의'라는 뜻이다. 스페인 여행길에 들은 바로는 나뭇가지·이파리 등 식물 형상이나 소용돌이 모양을 활용한 이슬람 스타일의 디자인 형태를 아라베스크라고 부르기도 한단다.

실제로 그 일대가 과거에 이슬람 세력의 지배를 받은 지역이다 보니 건축물 곳곳에서 그런 문양을 찾아볼 수 있었다. 관광객을 위한 각종 기념품에도 아라베스크 문양이 들어간 게 많았다. 예쁘기도 하고 발레 동작과 같은 명칭인 게 신기하기도 해서 몇 점 사 오기는 했지만 아무리 들여다봐도 둘 사이에 무슨 관련이 있는지는 아직도 잘 모르겠다. 아라베스크 동작에서 나타나는 신체의 라인이 아라베스크 장식처럼 기하학적인 패턴을 표현하기 때문이라는 설도 있지만 말 그대로 설일 뿐, 아직 사실로 검증된 것은 아닌 듯하다.

아라베스크와 관련해서 또 한 가지 빼놓을 수 없는 흥미로운 대목은 바로 피겨스케이팅의 스파이럴(spiral)과 꼭 닮았다는 점이다. 스파이럴은 다리를 뒤로 뻗어 허리 높이 이상으로 들어 올리면서 다른 쪽 발로 미끄러지듯 빙판을 활주하는 동작이다. 뒤로 든 발을 손으로 잡기도 하고, 잡지 않기도 하는데 후자에 해당하는 동작 중엔 아예 아라베스크 스파이럴이라고 이름 붙인 것도 있다. 양팔을 벌리고 다리를 높이 들어 올린 채 주행하는 바로 그 동작이다.

'피겨 여제' 김연아는 누구보다 아름다운 아라베스크 스파이럴을 선보이는 걸로 유명한데, 그 비결로 꼽히는 게 다름 아닌 발레 교습이다. 지난 2007년 캐나다 출신의 세계적인 무용수 이블린 하트에게 발레를 배운 뒤로 스파이럴이 한 단계 더 발전했다는 것이다. 그런데 어린 시절의 김연아는 발레가 재미없다며 큰 관심을 보이지 않았다고 한다. 그의 어머니 말에 따르면 정적이라고 느껴진 발레보다는 역동적인 스케이팅을 더 선호했다는 거다.

발레가 정적이라서 흥미를 못 느꼈다는 얘기를 내 주변에서도 들은 적이 있다. 씩씩하고 싹싹한 회사 후배 N도 발레를 두 달쯤 배우다가 자기 성격과는 안 맞는 것 같아 폴 댄스 (pole dance)로 갈아탔다고 했다. 내가 요즘 발레를 배운다고 하자 "좀 심심하지 않냐"면서 "나랑 같이 폴 댄스를 하러 다니자"고 꼬신다. 하지만 내 생각은 완전히 다르다. 정적으로 보이는 발레 동작이 실은 한없이 치열하기 때문이다. 가만히 멈춰 선 채 포즈를 취하고 있는 동안에도 매 순간 자기 자신과 최선을 다해 싸우지 않으면 안 된다. 아라베스크 동작만 해도 흔들림 없이 한 다리로 서 있기 위해선 발목·무릎·골반·손끝·발끝까지 하나하나 신경 써서 수평을 유지하고 있어야 한다. 그중 어느 한 곳이라도 무너지면 좌우로 비틀거리다가 두 발로 땅을 짚게 되기 십상이다.

물론 피겨스케이팅도, 폴 댄스도 더할 나위 없이 훌륭한 스포츠이자 예술이라고 생각한다. 결코 쉽지 않은 폴 댄스에 도전하고 나선 후배 N에게도 응원의 박수를 보낸다. 다만 나에겐 겉으로 평온해 보이지만 속으론 어마어마한 에너지를 발휘하며 버텨야 하는 발레가 더 잘 맞는 듯하다. 사람으로 치자면 외유내강(外柔內剛) 스타일이라고 할까? 겉보기엔 한없이 온화해 보이지만 내면엔 어떤 어려움에도 굴하지 않는 강단 있는 유형 말이다.

겉모습도 세고 속마음도 센 '외강내강'보다는 부드러움 이

면에 남모를 단단함을 지니고 있는 사람으로 살고 싶은 게 내
오랜 꿈이다. 그러기 위해 내 안의 근력과 균형 감각을 지금
처럼 꾸준히 단련해나갈 것이다. 혹시 누가 아나. 앞으로 1년
이 채 지나기 전에 흔들림 없는 편안함으로 멋진 아라베스크
의 선을 만들어낼 수 있을지.

나에게
집중하는
법

3부

자신의 축을 잃는 그 순간에
빙그르르 돌던 몸은 기울어져 바닥에 꽂히고 만다.
그렇게 무너져버린 내게 발레 선생님은 말했다.
"언제까지 앉아 있을 겁니까. 괜찮아요.
원래 넘어져봐야 일어날 수 있는 겁니다."

우리는
여전히 아름답다

○

cambré

(캉브레)

상체를 앞, 옆, 뒤로 숙이거나 넘기는
동작. 몸이 활처럼 휜 모양이 된다.

ℓ

"굳이 발레를 배우는 이유가 뭐예요?" 늦은 나이에 내가 발레를 시작한 게 영 뜬금없어 보이는지 이 질문을 종종 받는다. 일단 마음속에 떠오르는 솔직한 답부터 들려준다. "너무 아름다우니까요." 영 마뜩잖은 기색이다. "아름다우면 그걸로 뭐 하려고요?" 이쯤 되면 더 이상 길게 설명해봐야 별 소용없겠다는 생각이 든다.

그럼 방향을 틀어서 모두가 납득할 만한 답변을 해준다. "발레를 하면 근육이 늘어나고 균형 감각이 좋아지기 때문에 낙상의 위험이 줄어든답니다. 우리 나이에 넘어져서 다치는 게 얼마나 위험한지 잘 아시죠?" 이렇게 가슴에 팍팍 와닿는 낙상 얘기를 꺼내면 "발레가 그리 좋은 운동인 줄 미처 몰랐다"며 그제야 다들 얼굴이 밝아진다.

사실이다. 발레는 여러모로 매우 훌륭한 운동이다. 얼핏 쉬워 보이는 동작도 아랫배나 허벅지 등 필요한 신체 부위에 단단히 힘을 주어야 가능하기 때문에 근육이 안 생길 수가 없다. 나이가 들수록 근손실이 큰 문제가 되는데 발레를 하면 그 어렵다는 근테크(근육+재테크)가 가능해진다. 나 역시 발레를 시작한 지 불과 몇 달 만에 체지방이 5킬로그램 줄고 근육량이 4킬로그램 늘어나는 일생일대의 놀라운 경험을 했다. 건강검진 때 인바디(체성분) 검사를 담당했던 간호사 선생님이 내 나이에 이런 변화를 보인 사람을 처음 봤다며 축하 인사를 건넸을 정도다.

　솔직히 나도 얼떨떨하다. 발레를 시작하기 전에도 20년 이상 꾸준히 요가도 하고 헬스도 해왔지만 근육이 좀처럼 붙지 않았는데 도대체 발레의 운동 효과가 얼마나 크기에 몸이 이만큼 달라지는 걸까? "발레 작품을 공연하는 무용수가 소비하는 에너지양이 전·후반 경기와 연장전까지 풀타임으로 뛴 축구 선수의 에너지양과 맞먹는다"던 문훈숙 유니버설 발레단 단장 얘기가 과장이 아니었던 것이다(〈2023 해설이 있는 발레〉 공연 중). 툭 치면 픽 쓰러질 것처럼 보이는 가녀린 발레리나들이 실은 딴딴한 근육질 몸매의 소유자들일 수밖에 없는 이유다.

　발레는 효용 면에서도 매우 뛰어나 특히 나 같은 중년층이

나 실버 세대의 건강 관리에 큰 도움이 된다고 한다. 영국 왕립무용학교(Royal Academy of Dance)가 50세 이상 여성들을 대상으로 발레 교육 프로그램을 운영해보고 내린 결론이다. 여기서 발레를 배우고 난 뒤 이들 여성의 신체적·정신적인 삶의 질이 놀랄 만큼 좋아졌다는 것이다. 신체적으론 근력이 강화된 건 물론 균형 감각과 유연성, 골밀도까지 모두 개선된 걸로 나타났다. 거기다 음악에 맞춰 춤을 추면서 도파민·세로토닌·옥시토신 같은 뇌 건강에 좋은 갖가지 호르몬도 풍부하게 분비돼 치매 예방 효과까지 생기더란다. 평소 학원 선생님께서 "발레를 하면 바른 자세를 갖게 돼서 정형외과 의사들이 많이 추천한다"고 하셨는데, 이쯤 되면 신경과나 정신과에서도 적극 권장해야 하지 않을까 싶다.

하지만 이런 효능들은 나중에 알게 된 것이고, 내가 발레에 빠지게 된 근본적인 이유는 앞서 얘기한 것처럼 발레가 지극히 아름다운 예술이기 때문이다. 비단 무대 위에서 하늘하늘한 튀튀(tutu, 발레리나들이 입는 치마)를 입고 우아한 자태를 뽐내는 프로 무용수들의 춤만 그런 게 아니다. 평소 학원에서 취미로 발레를 배우는 동료 수강생들의 모습을 보면서도 참 아름답다는 생각이 절로 들 때가 있다. 동작이 조금만 어려워져도 버벅거리며 팔다리가 꼬이는 내 현실은 아직 한참 거리가 멀지만, 구력이 오래된 실력자들이 연습하는 장면은 한참 넋 놓고 쳐다볼 만큼 즐겁다.

여러 발레 동작 가운데서도 특히나 캉브레를 할 때 너무 아름답다. 상체를 활처럼 휘어지게 뒤로 넘기는 모습을 보면 흡사 한 마리 백조처럼 우아하기 이를 데 없다. 물론 더없이 아름다워 보이는 이 동작 역시 제대로 해내려면 만만치 않은 공력이 필요하다. 허리를 단단히 붙잡은 채 가슴 위쪽 부분만 뒤로 넘기는 게 포인트다. 당연히 몸이 유연할수록 더 많이 구부러진다. 얼마 전 공연에서 본 한 10대 발레 영재는 거의 머리가 땅에 닿는다는 느낌이 들 정도로 깊이 캉브레를 해서 객석에서 한바탕 탄성과 박수가 터져 나왔다. 그야말로 비현 실적인 아름다움이 느껴지는 광경이었다.

물론 나의 캉브레는 아직 휘는 각도도, 우아함의 정도도 많 이 모자란다. 그래도 시선을 멀리 던지며 몸을 뒤로 넘길 때 면 마음속으론 '내가 세상에서 가장 아름답다'라는 주문을 걸 곤 한다. 일단 나 스스로 그렇게 생각해야 보는 사람들에게도 그 같은 느낌이 조금이라도 전달될 것 같아서다.

발레를 하면 예뻐진다는 얘기가 있는데 아마도 이런 마음 가짐 덕분이 아닐까 싶다. 캉브레 같은 동작을 할 때마다 계 속해서 '나는 아름답다'고 주문을 외다 보면 아무래도 표정이

나 태도에 자연히 변화가 생길 테니 말이다. 거기다 근테크가 될 만큼 뛰어난 발레의 운동 효과 때문에 군살도 정리된다.

언젠가 대학원생인 발레 친구 S가 "발레를 하면 붓기가 쏙 빠져서 발레 수업 전후로 얼굴이 완전히 달라진다"는 '간증'하는 걸 들은 적도 있다. 인스타그램에 올릴 '오발완(오늘 발레 완료)' 인증 사진을 찍어보면 확실하게 효능을 체감할 수 있다나. 평소 우리 선생님이 누누이 "발레는 칼 대지 않는 성형"이라고 하시더니 부분적이나마 그 말이 맞나 보다. 아름다운 발레를 하면서 만약 외모까지 아름다워지는 효과를 볼 수 있다면 그보다 더 좋은 일은 없을 것 같다.

사실 예전에 방송 진행자로 활동하던 시절엔 외모 관리 때문에 꽤나 스트레스를 받았다. 흔히 알려진 것처럼 카메라를 통해 비치는 화면 속 이미지는 대개 20~30퍼센트 부풀어 나온다. 방송에서 보기에 날씬하다 싶은 사람은 실상 뼈밖에 없다고 할 만큼 깡마른 경우가 많다. 키가 작고 통통한 편에 가까웠던 나는 방송을 시작했던 초반엔 실제보다 엄청 후덕해 보이는 화면 속 모습에 적잖은 충격을 받았다. 거기에다 옷에 몸을 맞춰야 하는 현실적인 어려움까지 있었다.

의상팀에서 방송에 입고 나갈 옷을 여러 브랜드에서 협찬

받아 오는데 대부분이 55 사이즈였다. 옷마다 약간씩 차이가 있긴 하지만 내겐 너무 꽉 끼어서 태가 나지 않거나 장시간 방송을 하기엔 불편했던 옷들이 많았다. "앵커님은 사이즈가 애매해요. 55는 작고 66은 크고. 66 사이즈로 나오는 옷은 별로 없으니까 아무래도 55에 맞춰야 할 것 같은데…."

의상팀장의 고충을 모른 척할 수도 없어서 고심 끝에 선택한 방법이 간헐적 단식이었다. 일 때문에 저녁 약속이 잦은 편이라 매일 소식을 꾸준히 실천하기는 어려웠다. 그래서 약속이 없는 날은 저녁을 굶다시피 하는 걸 원칙으로 삼았다. 평소 "쪼그마한 사람이 왜 그리 식탐이 많냐"는 소리를 들을 만큼 뭐든 안 가리고 잘 먹는 나로선 엄청 힘겨운 사투를 벌인 셈이다.

하지만 카메라 앞을 떠난 뒤론 더 이상 억지로 저녁을 굶는 노력을 하지 않는다. 방송에 퉁퉁하게 나올까 봐 꼬르륵거리는 배를 부여잡고 애써 밤잠을 청하던 날들을 떠올리면 그때의 나 자신이 너무 짠하게 느껴진다. 돌이켜 보면 방송 진행을 시작했던 2012년 무렵, 난 이미 40대 중반이었다. 국내 뉴스나 시사 프로그램의 진행자가 대부분 '40~50대 남성과 20~30대 여성'의 조합인 걸 고려하면 매우 이례적인 케이스다.

20년간 신문 기자로 일하다 뒤늦게 방송 진행에 뛰어들게 된 내게 선배들은 "한국의 바바라 월터스('인터뷰의 여왕'이라 불린 미국의 방송인)가 돼라"는 덕담을 해주었다. NBC의 〈투데이〉를 장기 진행하던 월터스가 ABC로 이적해서 만든 토크쇼 〈더 뷰〉의 앵커 자리에서 물러난 게 2013년. 그의 나이 84세 때였다. 그만큼 오래오래 방송을 하라고 격려해준 건데 당시에 나는 이미 국내 지상파와 종편을 통틀어 시사 프로를 진행하는 최고령 여성 앵커였다.

미국과 달리 80대는커녕 40대 여성 진행자도 드문 게 국내 방송계 풍토였다. '나이가 뭐 대수냐, 방송만 잘하면 되지'라고 마인드 컨트롤을 해봤지만 외모 지상주의가 팽배한 방송판에서 중년의 여성 앵커로서 스트레스를 아예 받지 않기는 힘들었다. 그렇다고 인공적인 수술이나 시술을 받는 건 여러모로 내키지 않았다. 그래서 그나마 내가 할 수 있는 유일한 외모 관리법인 간헐적 저녁 굶기를 10년 이상 해왔던 거다. 방송인으로 일하던 그때 그 시절의 내게 적절한 체중 유지와 붓기 없는 얼굴은 반드시 사수해야 할 일종의 절대선이었다.

방송을 그만두고 나서 비로소 그런 강박에서 자유로워지나 싶었다. 먹고 싶은 것도 마음대로 먹고 다른 사람과의 외모 비교도 하지 않고 말이다. 그런데 저런, 발레를 시작하고 나서 초창기에는 스트레스가 더하면 더했지 결코 덜하지가 않았다. 발레 수업에 가보면 나와는 아예 인종이 다른 듯한 길쭉길쭉한 팔다리의 20~30대 청년들이 넘쳐났다.

게다가 수업 때 입는 복장도 문제였다. 레오타드라 불리는 원피스 수영복 비슷한 의상에 딱 붙는 타이즈 차림이라서 몸매가 적나라하게 드러날 수밖에 없다. 연습실에 부착된 전면 거울로 아무런 보정 없는 내 몸매를 수업 내내 마주하는 게 썩 즐겁지가 않았다. 하지만 시간이 흐르고 발레에 더 빠져들게 되면서 거울에 비친 내 모습이 그다지 거슬리지 않기 시작했다. 그 사이 획기적으로 몸매가 좋아져서 그런 건 절대 아니다. 그보다는 발레의 본질에 집중하게 된 덕분이라고 할 수 있다.

지금은 발레 잘하는 몸과 발레를 온전히 즐기는 표정을 마주할 때 한없이 아름답게 느껴진다. 더 이상은 날씬한 몸매와 조그만 얼굴이 내 미적 기준이 아니다. 얼마 전 한국에 여행 왔다가 우리 학원 수업에 참가한 일본인 여성이 춤추는 모습을 보곤 "혼토니 키레데스(정말로 아름답습니다)"라는 칭찬이 나도 모르게 흘러나왔다. 그는 나와 비슷한 아담한 체형이었지만 근력이 필요한 고난도 동작들을 깔끔하게 소화하는 건 물론, 발레에 흠뻑 빠져들어 춤추는 표정이 너무나 매

혹적이었다.

실제로 나를 포함해 취미 발레인 중 상당수는 흔히 말하는 '발레 보디(ballet body)'와는 거리가 먼 체형을 갖고 있다. 조그만 얼굴과 긴 목, 가늘고 기다란 팔다리, 작고 탄력 있는 엉덩이 등등의 신체 조건을 모두가 갖추긴 어려우니 말이다. 하지만 땀 흘리며 수많은 시간의 노력을 기울인 결과 멋지게 발레 동작을 잘 해내는 모습 자체가 내 눈엔 더없이 아름답게만 보인다. 내가 동료 수강생들의 발레 연습 풍경을 즐겨 감상하는 것도 그들 모두가 뛰어난 몸매의 소유자라서는 아니다. 다양한 체형, 다양한 나이, 다양한 환경을 지닌 이들이 발레를 사랑한다는 공통점 하나로 한데 모여 최선을 다해 춤추는 모습에서 매번 큰 감동을 받기 때문이다.

그래서 발레를 잘할 수 있는 몸과 발레를 온전히 즐기는 표정을 장착하는 걸 나의 새로운 외모 관리 목표로 삼게 됐다. 발레 동작을 지금보다 더 멋지게 해낼 수 있도록 몸의 구석구석에 근육이 단단히 잡힌 몸을 갖고 싶은 거다. 비록 비현실적인 발레 보디로 태어나지는 못했지만 열심히 노력하면 발레를 잘할 수 있는 몸은 가지게 되지 않을까? 그래서 날마다 집에서 플랭크·브릿지·스쿼트 등 근력 강화 운동을 게을리하지 않는다. 복근 운동과 아령을 이용한 팔 운동도 한다.

　얼마 전 수업 때 등이 많이 파인 레오타드를 입었는데, J 선생님이 "오, 기립근(척추의 양옆을 따라 길게 뻗은 근육)이 무지하게 좋아졌네요"라며 칭찬해주셨다. 내 나이에 기립근 칭찬을 받다니 학교 다닐 때 우등상 받은 것보다 열 배, 백 배는 기분이 좋았다. 예전보다 턴을 할 때 회전축이 똑바로 서면서 옆으로 비틀거리지 않고 안정감을 갖게 된 것은 근력운동 덕분도 있지 싶다.

　구석구석 근육을 키워 더욱 탄탄한 몸으로 자신감 있게 발레를 할 수 있게 된다면 아마 발레리나다운 우아한 표정은 저절로 우러나게 될 것 같다. 그렇게 훨씬 더 아름다워질 나를 꿈꾸며 오늘도 즐거운 마음으로 운동에 나선다.

자기만의 축을
찾는 법

○

pirouette

(피루엣)

제자리에 서서 한 발로 도는 회전.
한 발은 발끝으로 서고 나머지 발의
발끝은 서 있는 다리의 무릎 부분에
붙인 채 도는 동작을 말한다.

ℓ

그 어렵다는 발레 동작 중에서 특히 초보자들에게 가장 넘기 힘든 벽처럼 느껴지는 동작이 바로 피루엣(pirouette)이다. 제자리에서 한 발로 팽그르르 팽이처럼 돌면 된다는데 이게 결코 말처럼 간단치가 않다. 모든 턴이 그러하듯 피루엣에서도 가장 중요한 점은 축, 바로 몸의 코어를 바로 세우는 것이다. 안 그러면 몸이 앞뒤로 혹은 옆으로 휘청거리기 일쑤라 제대로 한 바퀴를 돌 수가 없다.

서 있는 다리에 단단히 무게 중심을 둔 상태에서 플리에(무릎 구부리기)를 했다가 몸을 똑바로 일으켜 세우며 다른 쪽 다리를 접어서 발끝을 서 있는 다리의 무릎 쪽에 재빨리 갖다 댄다. 동시에 양옆으로 펼쳐져 있던 팔을 몸의 앞쪽으로 휙 감아서 돌면 되는 것이다. 이때 챙겨야 할 또 한 가지 포인트는 머리는 최대한 움직이지 말고 버티다가 마지막 순간에 돌려야 한다는 거다. 몸이 돌 때 머리까지 함께 돌리면 어지러워서 중심을 잡기 힘들기 때문이다. 대강 추려본 요령만 이정도이고 여러 가지 자잘하게 신경 써야 할 사항들을 모두 몸에 익힌 뒤에야 비로소 피루엣을 깔끔하게 해낼 수 있다.

취미 발레인들 중에도 이 어려운 피루엣을 두 바퀴, 세 바퀴씩 휘리릭 도는 이들도 있지만 아직 초보를 못 벗어난 나는 한 바퀴를 안정감 있게 도는 것도 벅차다. 그래도 연습은 절대 배신하지 않는다는 선생님 말씀을 철석같이 믿고 거의 하루도 빠짐없이 연습한다. 수업 시간에 피루엣을 충분히 돌지 않은 날이면 따로 남아서 몇 바퀴씩 돌고 간다. 발레 수업이 없는 날엔 집 거실에서, 혹은 피트니스센터 GX룸을 찾아가서 홀로 연습하기도 한다. 집에선 TV랑 부딪치지 않을까 늘 조마조마하고, GX룸에선 바닥이 미끄러워 넘어질까 전전긍긍하면서도 '1일 1피루엣'을 포기할 수가 없다. 심지어 길든 짧든 여행을 갈 때도 무조건 연습용 슈즈를 챙겨 가서 카펫이 깔린 호텔 방바닥 위에서 피루엣을 돌았다. 하루라도 연습을 안 했다가 조금이나마 나아진 실력이 다시 뒷걸음질칠까 봐 불안해서다.

피루엣을 하다 보면 어떤 날은 오른쪽으로 도는 건 잘 되는데 왼쪽이 안 되는 날이 있고, 다른 날은 왼쪽이 잘 되고 오른쪽이 안 되기도 한다. 그럼 잘 안 돌아가는 방향을 집중적으로 연습하게 되는데 아무래도 발끝으로 서서 버티는 다리쪽에 무리가 간다. 그러다 넘어져서 다리에 푸르뎅뎅하게 멍이 들기도 하고, 발등에 통증을 느끼기도 했다.

넘어지고 아픈데도 불구하고 계속해서 연습에 매진하는 건 노력의 결과로 어쩌다 완벽하게 피루엣을 돌았을 때 느끼는 크나큰 성취감 때문이다. '나를 죽이지 못하는 것은 나를 더 강하게 만든다'는 니체의 명언도 있지 않던가. 힘겨운 연습 과정을 버텨내고 차츰차츰 나아지는 스스로의 모습을 볼 때마다 더욱 강해지는 나를 실감하며 뿌듯한 기분에 빠져든다.

만약 발레가 별다른 노력 없이 마스터할 수 있는 손쉬운 동작들 일색이었다면 아마 나는 이만큼 깊이 빠져들지 않았을 것 같다. 온몸의 신경을 곤두세운 채 오로지 지금 하고 있는 이 동작을 제대로 해내겠다는 목표에만 극도로 집중할 수 있도록 만들어주는 게 발레가 가진 큰 매력이다. 덕분에 발레를 하고 있는 시간만큼은 번잡한 일상을 모두 잊고 나 자신의 몸놀림에만 전적으로 몰두하게 된다.

심리학자 미하이 칙센트미하이가 얘기했던 '몰입(flow)'이 이런 게 아닐까? 그는 어떤 행위에 깊게 빠져들 때 사람들은 진정한 의미의 행복을 느낄 수 있다고 했다. 예컨대 연주에 몰두한 바이올리니스트가 모든 걸 잊고 음악과 하나가 되는 순간, 등반가가 암벽을 오르며 발을 딛게 될 다음 번 바위에만 집중하는 순간처럼 말이다. 칙센트미하이가 전한 몰입의 조건은 대략 다음과 같다.

- 그 일에 대한 완벽한 집중
- 명확한 목표와 보상
- 도전과 역량 사이의 균형(일이 능력에 비해 너무 쉬워도, 어려워도 안 된다)
- 시간의 왜곡(몇 시간이 마치 몇 분처럼 느껴진다)
- 자기 행위를 스스로 통제하고 있다는 느낌
- 일에 열중해서 남의 시선을 의식하지 않는 상태

그가 얘기한 조건들을 살펴보고 나니 내가 왜 발레 수업이 진행되는 90분을 늘 짧다고 느끼는지, 왜 힘든 동작들을 하면서도 자꾸 웃게 되는 건지 알 것 같다. 발레가 내게 완전한 몰입의 경험을 선사하기 때문이다. 사실 퇴직을 앞두고 안식년을 맞아 매일 출근하던 일상에서 벗어난 내 상태가 그리 유쾌할 리 없다. 비슷한 경험을 했던 선배들께 들으니 까딱하다가는 우울감과 무기력에 빠지기 십상이라고 했다. 나는 인사 소식을 듣기 무섭게 바로 그다음 날부터 발레 학원에 등록해 다니기 시작했다. 원래 하던 운동이나 취미를 더 열심히 하는 걸론 내 눈앞에 놓인 심란한 현실을 이겨내기 힘들 것 같아서였다. 완전히 새로운 뭔가를 배워야 거기에 정신이 팔려서 잡생각이 끼어들 틈이 없겠다 싶었는데 과연 생각한 대로였다. 그때 그 순간 발레를 선택한 게 그야말로 신의 한 수였다.

나 말고도 발레가 주는 몰입의 체험을 통해 버거운 일상을 이겨내는 이들이 적지 않다. 학원에서 만난 발레 친구들 중엔 한창 힘겨운 육아의 시기를 보내는 젊은 엄마들이 있다. 육아 휴직 중에, 아니면 재택근무를 하다 잠시 짬을 내 학원에 나오는 그들은 하나같이 "발레 수업이 유일하게 숨 돌릴 수 있는 행복한 시간"이라고 입을 모은다. 사실 굳이 말하지 않아도 그네들 심정을 너무나 잘 안다. 나도 이미 징글징글하게 겪어본 일이니까.

아이가 생긴 이후의 삶과 이전의 삶은 그야말로 천양지차다. 천사 같은 아이 모습에 잠시 흐뭇하기도 하지만 온종일 쫓아다니며 먹이고 씻기고 입히고 재워야 하는 일상이 날마다 반복되다 보면 흡사 감옥에 갇힌 듯 갑갑할 수밖에 없다.

아이는 잠잘 때 제일 예쁘다는 말, 배 속에 있을 때가 차라리 편했다는 말이 괜히 나온 게 아니다. 거기다 직장 일까지 병행해야 하는 처지라면 어려움은 두 배, 세 배가 될 수밖에 없다. 저녁에도, 주말에도, 휴가 때도 온전히 쉴 틈이 없는 게 어린 자녀를 둔 엄마들이다.

그래도 발레 수업에 나와서 정신없이 피루엣을 도는 데 열중하다 보면 적어도 그 시간만큼은 육아의 쳇바퀴에서 벗어날 수 있다. 마치 마법이 풀리는 12시가 되기 전 집으로 돌아가야 하는 신데렐라처럼 그들 역시 수업이 끝나면 서둘러 각자의 일상을 향해 종종걸음을 친다. 하지만 머잖아 또다시 발레를 할 기대감으로 워킹맘의 고단한 삶을 씩씩하게 버텨내는 거다.

그런가 하면 학업 스트레스를 발레로 떨쳐내는 이들도 있다. 학원에서 친하게 지내는 발레 친구들 중엔 인근 대학에 재학 중인 학생들이 여럿이다. 이 친구들이 한동안 나오지 않다가 오랜만에 나타날 때가 있는데 이유를 물어보면 시험 기간이라, 논문을 쓰느라, 교수님 치다꺼리를 하느라 너무 바빴다는 거다. 얼마나 힘들었는지 피부에 트러블이 일어나거나 안색까지 해쓱해진 모습을 보면 늘 짠한 마음이 든다. 학교생활이 이토록 바쁘지만 이들 대다수는 중도 포기하지 않고 기

어이 짬을 내서 학원에 다시 나온다. 쉽지 않은 발레 동작들에 도전하며 그걸 잘 해내는 데 집중하다 보면 학교에서 겪는 고충을 잊을 수 있기 때문이란다.

한참 만에 발레 수업에 나온 친구들은 특히나 피루엣을 도는 데 힘을 쏟는다. 흡사 시험대에 오른 것처럼 그동안 발레 실력이 줄지나 않았는지 피루엣을 통해 확인하려 한다. 얼마 전 모처럼 학원에 나온 Y도 거듭해서 턴을 도는 연습을 했는데 예전과 달리 턴을 하면서 자꾸만 옆으로 쓰러지는 게 아닌가. 어떠냐고 묻길래 아무래도 몸의 축을 똑바로 세우는 것부터 다시 연습해야 할 것 같다고 말해줬다. 축이 무너진 채 자꾸 돌아봐야 제대로 된 피루엣이 되지 않기 때문이다.

발레 친구들끼리 평소에 나누는 대화는 어떻게 하면 발레 동작을 잘할 수 있을지에 대한 것이 대부분이다. 피루엣을 돌 때마다 몸이 뒤로 젖혀지는 이유는 뭘까, 팔 모양을 어떻게 만들어야 회전력이 더 생길까, 한 바퀴를 채 돌기도 전에 무릎에 붙인 발이 자꾸 땅으로 떨어지는 건 왜일까… 피루엣에 대한 얘깃거리만 해도 차고 넘친다. 언젠가 상급반 수강생 하나가 어쩌다 기초반 수업에 들어와서는 정말 급이 다른 완벽한 피루엣을 보여준 적이 있다. 한없이 부러운 나머지 "아까 그 사람에 비하면 내 피루엣은 너무나 졸렬해"라고 한숨을 푹푹 내쉬자 다른 친구들도 서로서로 "나도 그렇다"며 공감의 말을 건넸다.

학업으로 바쁜 학생도, 육아에 시달리는 엄마도, 퇴직을 앞둔 나도 저마다 현실의 무게를 떠안고 있지만 발레를 할 때만큼은 나에게 온전히 집중한다. 지금 이 순간 다른 그 무엇보다 피루엣을 완벽하게 도는 일이 중요하게 느껴진다. 우리 모두 각자의 자리에서 최선을 다해 주어진 삶을 살아내기 위해서도 이 같은 몰입의 시간이 필요하다. 일상을 탈출해 몸을 회전시키는 경험 자체에 집중하면서 나의 중심축을 바로 세우고, 비로소 막혔던 숨을 크게 내쉴 수도 있는 것이다. 참 다행이지 않은가. 우리에게 몰입할 수 있는 발레가 있으니 말이다.

곁눈질은
이제 그만

○

grand
battement

(그랑 바트망)

다리를 앞으로, 뒤로, 옆으로 90도 이상
크게 던지듯 차는 동작. 발로 바닥을
쓰는 힘을 이용해 다리를 높이 차올린다.

$\mathcal{Q}$

  '다리가 짧아서 그래요.' 매번 이 말이 목구멍까지 올라오지만 꾹 참는다. 다리를 높이 차올리는 그랑 바트망(grand battement)을 할 때마다 그렇다. 선생님께선 늘 머리 높이까지 다리를 차야 한다고 하시지만 나로선 어깨 높이까지 차는 게 고작이다. 허공으로 다리를 그냥 들어 올리는 게 아니라 발로 바닥을 쓸어내는 힘을 활용하면 더 높게 찰 수 있다는데 그래 봐도 만족스러운 높이가 안 나온다. 아무리 생각해도 내가 그랑 바트망을 잘하지 못하는 가장 큰 이유는 다리가 짧아서인 것 같다. 절대적인 길이가 안 나오니까 아무리 용을 써봤자 발끝이 머리에 가 닿지 못하는 거다(야단맞을 게 뻔해서 아직 선생님께 이런 내 생각을 솔직히 털어놓진 못했다).

  무대 위의 발레리나들을 봐도 그렇고, 함께 수업을 듣는 청년들을 봐도 그렇고 다들 팔다리가 길쭉길쭉하다. 세대가 갈수록 체형이 서구화된다더니 과연 맞구나 하고 늘 실감하게 된다. 이렇게 롱다리인 젊은이들은 나와 같은 동작을 해도 훨씬 멋지고 아름답게 보인다. 내가 어쩌다 하고많은 취미 중에 발레를 시작해서 숏다리의 비애를 자초한 건지 솔직히 가끔은 스스로가 원망스러울 때도 있다.

살다 보면 남과 나를 비교하다 자존감이 낮아지는 순간들이 참 많다. 아마 세상 누구라도 예외 없이 그럴 것이다. 외모, 학교 성적, 직장 연봉, 가정 환경 등등 비교할 거리가 쌔고 쌨다. 더욱이 페이스북이나 인스타그램처럼 시시각각 경쟁하듯 자랑질을 하는 소셜 미디어의 등장으로 스스로 초라하다고 느끼는 사람들은 갈수록 늘어나는 것 같다. 다들 럭셔리한 휴양지로 여름휴가를 가는데 나만 못 가는 것 같고, 맛집 투어 다니는 사람들이 그리 많은데 나만 편의점 도시락 신세인 듯한 느낌!

남들이 올린 게시물에 상대적인 박탈감이 점점 더 커지는 만큼, 소셜 미디어를 오래 사용할수록 우울증이 생길 위험도 커진다고 한다. 실제로 미국 피츠버그 의과대에서 조사해보니 소셜 미디어에 접속을 가장 많이 하는 상위 그룹은 접속을 제일 적게 하는 그룹보다 우울증 발병 위험이 2.7배나 높은

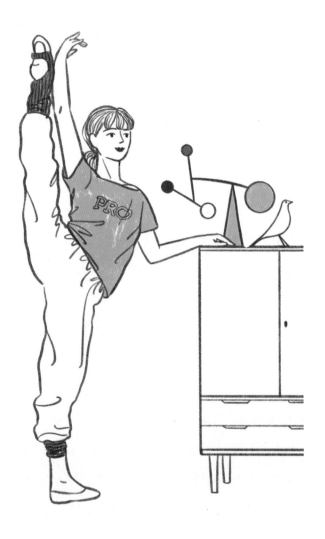

걸로 나타났다. 사실 알고 보면 사는 게 다 거기서 거길 텐데, 누군가 특별한 날 특별한 순간을 포착해 올린 것이 다른 누군가를 불행하게 만들고, 반대로 입장이 바뀌기도 하면서 악순환이 끊임없이 벌어지는 것 같다.

그나마 나의 청년기에는 소셜 미디어가 존재하지 않았던 게 천만다행이다. 그 시절의 나는 새로운 환경에 진입할 때마다 남과 나를 비교하며 자존감이 심각하게 떨어지곤 했기 때문이다. 신문사에 처음 입사했을 때도 그랬다. 나는 대학교 4학년 2학기에 졸업예정자 신분으로 신문사 공채 시험에 합격했다. 국민학교도 한 해 먼저 입학한 터라 만 스물한 살에 기자가 된 건데 남자 동기 중엔 나보다 여덟 살이나 많은 이도 있었다.

"소년 급제했다"며 축하를 받고 합격의 기쁨을 누린 것도 잠시. 나이가 어린 만큼 다른 동기들보다 경험치가 훨씬 낮다는 게 큰 어려움으로 다가왔다. 수습 시절, 상사의 업무 지시를 받으면 다들 군대 경험을 동원하거나 고향 선배 인맥 등을 활용해서 척척 해결하는데 나만 헤매기 일쑤였다. 예컨대 선배 기자들이 기획한 기사에 넣을 실제 사례를 찾는 일을 해야 할 때가 종종 있었는데 학교 친구들 말곤 아는 사람이 거의 없는 나는 그야말로 막막하기만 했다. 차차 경력이 쌓이고 나만의 네트워크가 만들어진 뒤에야 일 좀 한다는 소리를 듣게 됐는데, 그때까지의 마음고생은 이루 말할 수 없을 정도다.

다행히 어릴 때부터 글쓰기를 좋아한 덕에 "저연차 기자들 중에서 글을 좀 쓰는 편"이라는 인정을 받으며 그나마 자신감을 되찾기 시작했다. 운 좋게 20대 때 내 이름을 단 기명 칼럼까지 쓰게 된 게 결정적 계기였다. 그간 나의 약점으로 작용했던 젊은 여성 기자라는 정체성을 오히려 무기로 삼아서 남과 다른 시각을 톡톡 튀는 문체로 담아내려 애썼다.

그 무렵 썼던 칼럼 중에 동성동본 결혼 금지 제도의 문제점을 꼬집은 글이 있었는데, 당시 "유교적 관습이 엄연한 나라에서 너무 막 나가는 것 아니냐"는 비판도 들었다(이 제도는 1997년 헌법불합치 결정에 이어 2005년 민법 개정안이 통과된 뒤에야 폐지됐다). 비록 뛰어난 취재력으로 단독 보도를 많이 하는 특종 기자는 되지 못했지만, 신선한 생각거리를 던져주는 기사를 꽤나 썼던 기자였다고 나름대로 자부하고 있다. 그 덕분인지 신문 기자 생활 20년 중 마지막 3년 동안 신문사를 대표해 사설을 쓰고 정기적으로 칼럼을 기고하는 논설위원으로 일했던 건 지금도 자랑스럽게 생각하는 대목이다.

방송 기자로 전직하게 되면서 나는 또다시 주눅 드는 초년병 신세가 되고 말았다. 방송사 개국 초기엔 날고 기는 전문 방송인들에 비해 부족한 점투성이인 자신이 도통 만족스럽지 않았다. 멀리 갈 것도 없이 같은 회사 안에도 외모나 역량이 뛰어난 후배들이 널려 있는데, '이렇게 부족한 내가 방송 진행자를 하는 게 맞나?'라는 생각이 자존감을 깎아내렸다.

남과 비교할수록 나 자신이 초라하게 느껴졌다. 계속 그렇게 살 수는 없었다. 쉴 새 없는 곁눈질을 멈추고 내 안의 장점이 무엇인지 차분히 들여다보는 시간이 필요하다는 걸 깨닫게 됐다. '그래, 처음 해보는 일이니 방송을 오래 해온 사람들보다 진행 능력이 미숙한 건 당연하다. 그렇다면 방송 진행자로서 남과 다른 나만의 경쟁력은 없는 걸까?'

문득 20년간의 신문 기자 생활 자체가 나만의 강점이 될 수 있겠다는 데 생각이 미쳤다. 그동안 노숙자부터 장관, 외국의 대통령까지 별별 사람을 다 만나서 인터뷰했던 경험이 나의 빛나는 자산이 되겠다 싶었다. 다른 누구보다 출연자들과 편안하게 대화를 이끌어갈 수 있을 테고, 바로 그 점이 차별화 포인트가 될 거라고 여기게 됐다. 그런 마음가짐을 장착하자 훨씬 자신감 있게 방송 자체를 즐기는 여유를 가질 수 있었다.

게다가 처음엔 깨닫지 못했지만 나에겐 '비장의 무기'가 하나 더 있었다. 다름 아니라 잠을 못 자는 데 이골이 나 있다는 점이었다. 지금은 많이 나아졌지만 예전엔 불면증이 상당히 심한 편이었다. 육아와 기자 생활을 병행하다 보니 규칙적인 수면 습관을 갖기 힘들었던 게 이유였다. 밤새 토론을 하는 프로그램을 해보자고 제안한 뒤 어쩌다 사석에서 불면증 얘기를 꺼냈더니 손석희 당시 사장이 농반진반으로 그러셨다. "어차피 잠도 못 자는데 밤새는 프로그램 하면 딱 맞겠네."

덕분에 〈밤샘토론〉을 장기간 진행하게 된 것은 물론, 그 밖에도 밤을 새워서 하는 심야 프로그램들을 도맡아서 하게 됐다. 특히 12월 31일 밤에 시작해 1월 1일 새벽에 끝나는 송구영신 특집 프로를 내내 진행하는 바람에 개국 이후 몇 해 동안은 보신각을 생중계로 연결해서 스튜디오에 앉아 제야의 종소리를 들었다. 그다음 "새해 복 많이 받으세요"라는 신년 인사를 화면 너머의 시청자들에게 하는 걸로 새로운 한 해를 맞이했다. 총선과 대선이 치러지는 해에는 투표가 끝난 뒤에 최종 결과가 나오기까지 계속되는 심야 개표 방송도 늘 단골로 맡았다. 비록 내가 진행을 제일 잘하는 방송인은 아니었는지 모르지만, 적어도 오밤중에 긴긴 시간 별별 얘기 다 하는 프로에 맞춤인 앵커로는 인정을 받은 셈이었다.

발레를 시작한 뒤에도 다를 것이 없었다. 오랜 세월 치열하게 매달려온 일을 떠나 50대 중반에 취미 발레의 세계에 새롭게 입문하고 보니 매 순간 기죽는 일 천지다. 다리가 짧아서 그랑 바트망을 멋지게 못 하는 건 빙산의 일각일 뿐, 젊은 친구들에 비해 근력도 지구력도 유연성도 달려 수업에서 늘 뒤처지는 기분이 들었다. 지금까지 일에서는 어떻게든 나만의 강점을 찾아낼 수 있었는데, 발레에선 나만의 경쟁력을 발견하기가 영 힘들었다. 다른 건 부족해도 요것 하나는 내가 남보다 낫다 싶어야 자존감 회복 프로그램이 가동될 텐데 쉽사리 강점을 발견하지 못했다.

그러던 중 발레 친구 C가 내게 희망을 던져주었다. 그이는 내가 발레를 시작했던 첫 달에 한 반이었다가 높은 등급의 반으로 옮겨갔는데, 석 달여 만에 보충 수업차 우리 반에 들어온 참이었다. 그런데 "처음보다 진짜 많이 늘었다"며 칭찬을 하는 게 아닌가. 스스로는 인식하지 못했는데 오랜만에 보는 사람 눈에는 발레의 'ㅂ'도 모르고 버벅대던 시절에 비하면 장족의 발전을 한 모양이다. '아, 그렇다면 해볼 만한걸.' 갑자기 자존감 회복 프로그램에 시동 걸리는 소리가 들렸다.

내가 여기서 가장 뛰어나게 동작을 구현하는 사람이 될 수는 없겠지만, 가장 많은 발전을 이루는 사람이 될 순 있겠구나. 처음 시작이 참담한 바닥 수준이었으니 조금씩만 나아져도 비율로 따지면 제일 큰 폭으로 성장한 사람이 될 수 있지 않겠나. 그런 생각을 하고 나니 나보다 잘하는 사람들을 볼 때마다 빠져들던 열패감에서 조금씩 벗어날 수 있었다.

그랑 바트망을 높이 못 차면 좀 어때. 내 또래 친구들 중엔 오십견이 와서 팔을 제대로 못 쓰는 경우도 많은데 나는 맘대로 팔을 들었다 내렸다 할 수 있는 것만 해도 축복이잖아. 거기다 근육까지 착실히 쌓아가고 있다면 그걸로 충분히 괜찮지 않은가.

발레 수업을 받다 보면 선생님께서 반복해서 하시는 말씀이 있다. "다른 사람 보지 말고 거울 보면서 자기 동작하는 데 집중하세요." 곁눈질 그만하고 내가 하는 걸 온전히 잘 해내는 데만 최선을 다하라는 얘기다. 시키는 대로 꾸준히 잘 하는 내 장점을 살려서 딱 그 말처럼 살아보려 한다. 어차피 남의 떡이 아무리 커봤자 내 입에 욱여넣을 수 없는 법이다.

안 되는 일에 목매고 연연하기보다는 주목받지 못했던 내 가치를 가꾸고 빛내는 데 모든 시간과 에너지를 쏟아보는 거다. 그래서 남보다 잘하는 게 아니라 어제의 나보다 조금씩 나아지면 된다. 그렇게 한 걸음 한 걸음 포기하지 않고 앞으로 나아가면 된다.

발레하는 엄마
VS 공 차는 딸

○

grand pas
de deux

(그랑 파 드 되)

일정한 순서와 양식에 따라 진행되는
2인무를 일컫는 말. 먼저 두 주연
무용수가 입장해 느린 음악에 맞춰
우아한 춤을 춘 뒤, 각자 솔로로 기량을
뽐내는 무대를 펼치고, 마지막으로
빠른 음악에 맞춰 함께 화려한 춤을
추며 마무리한다.

ℓ

　"딸 낳으면 발레 시키는 게 로망이었어요." 회사 후배
K가 유치원생 딸이 발레 배우는 사진을 자랑스럽게 보여주었
다. 우락부락한 아빠를 닮았다고 나중에 딸이 원망할까 봐 걱
정했었는데 발레를 시작한 뒤로 확실히 예뻐진 것 같다며 좋
아라 한다. 후배 딸뿐 아니라 요즘 주변을 둘러보면 발레를
배우는 여자 어린이들이 부쩍 늘어난 듯하다.

　어떤 발레 학원은 혼자서 발레를 하긴 어려운 유아들을 겨
냥해 엄마와 함께 배우는 클래스도 운영한다고 한다. 세 살배
기 쌍둥이 딸을 둔 지인은 엄마와 딸이 짝을 맞춰 수강해야
하는데 자기는 딸이 둘이라서 못 든다며 아쉬했다. 아장아
장 걸어 다니는 것마저 신기한 어린 아가들이 어떻게 발레를
한다는 건지 솔직히 상상은 잘 가지 않는다. 혹시 동작을 배

우는 건 주로 엄마들이고, 딸들은 그 옆에서 신나게 뛰어놀다 오는 건 아닐까?

나만 해도 늦깎이로 발레를 배우기 시작했다는 얘기를 꺼내면 십중팔구 "딸도 함께하자고 하지 그래?"라는 반응이 돌아온다. 50대 중반인 나보다는 MZ 세대인 우리 딸이 발레에 더 어울린다고 여기기 때문일 터다. 하지만 그럴 때마다 나는 웃으면서 답한다. "우리 딸은 공 차느라 바빠요!" 둘러댄 변명이 아니라 있는 그대로의 사실이다. 요즘 딸애는 풋살(FIFA에서 공인한 실내 축구의 한 형태)에 푹 빠져 산다. 주말이면 아마추어 풋살팀 연습에 참여하고, 최근엔 직장에서도 여성 동료들끼리 팀을 꾸려 대회에 출전하기도 했다.

엄마와 딸 사이이긴 하지만 우리 두 사람은 운동 취향이 180도 다르다. 나로 말하자면 학창 시절 체육시간이 제일 싫었다. 유일하게 잘한 종목이 피구인데 공이 무서워서 죽어라 피해 다닌 덕분이다. 입사 이후 서른 살 무렵 골프에 도전하기도 했다. 취재원들과 네트워크를 다지는 데 도움이 된다는 동료 기자의 꼬드김에 넘어가 두 달가량 매일 새벽 5시에 일어나 레슨을 받는 강행군 끝에 한동안 주말마다 필드에 나갔다. 그런데 스윙하는 폼이 유연하다며 골프 신동 소리를 들은 것도 잠시, 10년이 지나도록 도무지 실력이 나아지지 않는 거다. 솔직히 재미가 있어야 열심히 할 테고 열심히 해야 실력이 늘 텐데, 남들 다 치니까 따라서 쳤을 뿐 별 흥미를 못 느꼈던 것 같다. 때마침 딸이 고등학교에 입학해 주말에도 입시 뒷바라지에 바빠지자 난 깔끔하게 골프와 작별했다. 이후로도 전혀 골프 생각이 안 난 걸 보면 나와는 맞지 않는 운동인 게 분명하다. 요즘 들어 시간 여유가 생긴 김에 골프를 다시 시작해보라는 제안을 자주 듣지만 내 입장은 한결같다. "저는 공이랑은 진짜 안 친하거든요. 발레가 훨씬 재밌어요."

이런 나와 달리 딸아이는 자라면서 내내 제일 좋아하는 과목이 체육이었다. 그중에서도 팀 스포츠인 구기 종목에서 발군의 실력을 보였다. 초등학교 시절엔 피구와 발야구, 중고등학교 땐 배구와 농구에 미쳐 살았다. 체육대회에선 늘 주장을 도맡아 했고, 중간고사·기말고사 때면 자기 공부보다 체육 실기 시험을 앞둔 친구들에게 배구 토스나 농구 슛하는 법을 가르쳐주느라 바빴다. 대학과 대학원 시절엔 아마추어 야구·축구 동호회에서 활동했는데, 당시 국내에 여성 취미 스포츠 인프라가 부족하다고 늘 불만을 토로했다. 그런데 최근 〈골 때리는 그녀들〉이라는 프로그램이 인기를 모은 여파로 드디어 우리 사회 곳곳에도 공 좀 차는 여자들이 으쌰으쌰 하는 분위기가 조성되기 시작했다. 그 바람에 딸네 회사에도 여성 풋살팀이 만들어졌고, 너무나 자연스럽게 딸아이는 주장 완장을 꿰차게 됐다.

운동 취향이 달라도 너무 다른 모녀라서 취미를 공유할 순 없지만, 서로 열렬히 응원해주는 것만으로도 '함께한다'는 느낌을 받곤 한다. 특히 나는 내가 잘 못하는 구기 종목에 뛰어난 딸이 언제나 자랑스러웠다. 발목 인대가 늘어나는 등 부상을 종종 입는 것이 걱정스러웠을 뿐 운동에 열심인 딸을 늘 지지하는 입장이다. 얼마 전 딸의 회사 팀이 출전한 풋살 대회에 응원하러 갔을 때도 대형 플래카드에 적힌 딸의 이름과 그 앞에 달린 '한국 축구의 미래'라는 과장 섞인 수식어를 보고도 주책없이 얼마나 가슴이 벅차던지! 대회 승부차기에서 딸아이가 골 넣는 장면은 엔도르핀 충전을 위해 요즘 즐겨 보는 동영상이다.

마찬가지로 딸아이 역시 나의 취미 생활을 진심으로 격려해준다. 내가 발레를 시작한 뒤로 살은 빠지고 근육량은 늘었다고 했더니 정말 대단하다며 '엄지 척'을 해줬다. "발목과 무릎 관절에 무리가 가지 않도록 주의해라." "유튜브에서 정형외과 의사들이 알려주는 관절 강화 운동을 꼭 챙겨서 해라." 나보다 먼저 운동 많이 해본 '선배' 입장에서 시시콜콜 조언을 해주기도 한다.

극과 극인 운동 취향에서 짐작하듯이 나와 딸은 닮은 점보다는 다른 점이 더 많다. 아주 어릴 때야 그게 그리 큰 문제가 되지 않았다. 하지만 초등학교 고학년 무렵 딸아이가 사춘기에 접어들기 시작하자 서로 부딪히는 일이 잦아졌다. 닮은 꼴인 모녀도 사춘기를 함께 통과하기가 힘든데, 우리 둘은 달라도 너무 달라 어려움이 더 컸던 것 같다.

정말 암담했던 그때 그 시절, 나는 많은 생각 끝에 결심을 했다. '가장 중요한 한 가지 목표만 이루자, 그걸 위해 나머지는 다 타협하고 양보하면 된다!' 그 한 가지 목표가 바로 '딸과 원수지지 않고 사이좋은 모녀로 남자'였다. 이후 20년 이상 그 목표를 이루어가는 과정에서 가장 어려웠던 건 감정을 억누르고 큰소리를 내지 않는 거였다.

주관 강하고 취향이 뚜렷한 딸을 키우면서 단 한 번도 목청 높여 소리 지른 적이 없다니 믿기 힘들겠지만 사실이다. 말린다고 들을 아이가 아니고, 시킨다고 그대로 할 아이가 아니었다. 게다가 워킹맘이라 온종일 쫓아다니며 시시콜콜 감시·감독할 처지도 못 됐다. 큰 원칙을 정해주고 자율적으로 지킬 것을 당부했다. 물론 안 지킬 때가 태반이지만 그럴 때도 절대 화내지 않고 차분하게 왜 그 원칙을 지키는 게 중요한지 반복해서 일러줬다.

이런 나의 자녀 교육법이 반드시 정답이라고 생각하지는 않는다. 너무 오냐오냐 키우는 것 아니냐는 걱정을 주변 어른들께 듣기도 했다. 하지만 각기 다른 아이들을 똑같은 틀에 맞춰 똑같은 방법으로 키우는 건 무리라고 본다. 나는 우리 딸을 가장 잘 아는 사람인 만큼 딸에게 가장 잘 맞는 방법을 찾아서 적용하고 실천했을 뿐이다.

영어 공부만 해도 그렇다. 지금은 딸이 영어를 꽤 잘하는 편이지만 초등학생 시절엔 영어를 거들떠보지도 않았다. 억지로 영어 학원을 가라고 해도 들을 리 없다는 걸 알기에 딸과 대화한 끝에 학원은 다니지 않는 걸로 정리했다. 하기 싫다는 걸 강요하는 것보다는 스스로 해야 한다고 느낄 때까지 기다려주는 게 낫겠다고 생각한 거다.

중학교 진학을 코앞에 둔 6학년 겨울 방학. "이제는 영어 공부를 본격적으로 시작해야 하지 않겠니? 중학교에 가면 영어 과목 수업을 들어야 할 텐데 너무 모르면 따라가기 힘들지 않을까?" 그때쯤 되니 아이도 내 말에 고분고분 수긍하길래 함께 영어 학원에 등록하러 나섰다. 그런데 레벨 테스트를 마친 후 상담 시간에 원장님이 우리 딸을 학원에 받아 줄 수 없다는 게 아닌가. 너무 수준이 낮아서 안 된단다. 기가 막히고 울화가 치밀었지만 나보다 더 상처받았을 딸의 마음부터 챙겨야 한다는 생각이 들었다. 다른 학원을 전전하다 자칫 비슷한 꼴을 겪을까 싶어 이렇게 얘기를 건넸다. "학원이 영 구리네. 학원 다니는 대신에 우리 둘이 집에서 재미있게 공부해볼까?"

그게 시작이었다. 이후로 출근 전과 퇴근 후에 갖은 방법을 동원해서 딸과 영어 공부를 함께했다. 아침 식사 때면 EBS 영어 라디오 프로그램을 틀어놓고 거기서 나오는 영어 문장을 하루 하나씩 큰 소리로 따라 하며 외웠다. 어려운 단어는 포스트잇에 적어 화장실 문에 붙여서 볼일을 보면서도 암기할 수 있게 했다. 주말엔 디즈니 애니메이션이나 〈길모어 걸스〉 같은 미국 드라마를 함께 보며 자연스레 귀가 트이도록 했다.

솔직히 영어 공부를 싫어했던 딸을 이해하는 게 쉽지 않았다. 나는 학창 시절 제일 좋아하는 과목도, 제일 잘하는 과목도 영어였기 때문이다. 그런 사람의 딸이 영어 공부와 담을 쌓으려 하다니 좀처럼 납득하기 힘들었다. 하지만 서로의 다름을 인정하는 것이 부모 자식 간에 원수지지 않는 첫 번째 비결임을 너무나 잘 알기에 애써 마음을 다스렸다. 주변에서 자식의 취향을 존중하지 않고 부모의 욕심을 강요하다 가정이 불행해지는 걸 숱하게 지켜봤다. 영어 공부가 뭐 그리 대수인가. 행복한 모녀 사이가 그보다 백 배, 천 배 중요하다고 되뇌면서 내 선택이 틀리지 않았다고 위안했다.

시간이 흘러 대학을 졸업하고 진로를 선택할 때도 나는 딸에게 아무런 강요도 하지 않았다. 스스로 선택하길 잠잠히 기다렸고, 결정한 뒤엔 가능한 도움을 주려고 애썼을 뿐이다. 지금 우리 딸은 내가 그랬듯이 저널리스트의 길을 가고 있다. 주변에선 왜 좀 더 좋은 직업을 고르도록 하지 않았느냐고 책망하는 사람들도 있다. 직접 해봤으니 얼마나 힘든지 뻔히 잘 알면서 왜 그냥 놔뒀느냐는 거다. 하지만 나는 딸의 선택을 존중한다고 했다. 어려운 일이라는 것, 워라밸이 좋지 않다는 것, 노동 강도에 비해 돈도 많이 못 버는 일이라는 것… 이런 사실들을 이미 충분히 알려줬는데도 그 일을 선택한 건 꼭 하고 싶다는 확신이 섰다는 얘기일 테니 말이다.

직장에 들어간 지 꼭 1년이 지난 뒤 딸은 독립을 선언했다. 본격적인 홀로서기를 선언한 건데 순순히 그러라고 했다. 이후 딸은 집에서 그리 멀지 않은 곳에 본인의 개성과 취향을 한껏 반영한 혼자만의 거처를 꾸미고 제 스타일대로 살고 있다. 매일 아침저녁으로 한 집에서 부대끼던 우리는 요즘은 주말마다 브런치를 먹으며 회사에서 스트레스 받은 이야기 혹은 발레하고 풋살하는 이야기를 나눈다.

거주하는 공간이 분리되고 나니 서로의 다름을 존중하는 게 확실히 훨씬 쉬워졌다. 그 덕분인지 모녀 사이는 예전보다 더욱 좋아졌다. 떨어져 살지만 오히려 서로에 대한 관심과 애정 표현도 더 늘었다. 딸은 내가 인스타그램에 올리는 게시물에 '좋아요'를 단골로 눌러주고, 나는 네이버에 개설된 딸의 홈페이지에 날마다 찾아가 '응원' 버튼을 누른다.

사실 서로의 소셜 미디어를 팔로우하다 보면 아무래도 잔소리하고 싶은 구석이 눈에 띄기 마련이다. 그래서 가족들끼리는, 특히 부모 자식 간에는 '맞팔'을 절대 안 하는 게 '국룰'이라고들 한다. 하지만 일찌감치 서로 다름을 쿨하게 인정한 덕에 오히려 우리 모녀는 각자의 근황을 확인하고 격려와 지지를 보내주는 도구로 소셜 미디어를 쏠쏠히 활용하고 있다. 나와 다르면 틀리다고, 그러니 무조건 고쳐야 한다고 여기는 사고 패턴에서 벗어났기에 가능한 일일 터다. 바로 오랫동안 내가 꿈꿔왔던 모녀 사이 그대로다.

발레리나는
그 많은 동작을
어떻게 다 외울까?

O

enchaînement

(앙셴느망)

발레에서 여러 스텝들을 반복하거나
바꿔가며 연결하는 것. 흔히 영어로
콤비네이션(combination)이라고 한다.

방송사 동료들 사이에서 나는 '암기력 끝판왕'으로 통했다. 프롬프터(대본을 띄워서 보여주는 기계)를 쓰지 않고 대본을 통째로 외우는 유일한 앵커였기 때문이다. 세 시간 넘게 진행했던 〈밤샘토론〉도 A4 용지로 20쪽 가까운 대본을 모조리 외워서 했다. 처음 출연하는 국회의원들이나 교수들은 스튜디오를 이리저리 둘러보다 프롬프터가 없는 걸 알아차리고 깜짝 놀라곤 했다. "TV로 방송을 볼 때는 당연히 있는 줄 알았다"며 "어떻게 그 많은 분량의 대본을 전부 외울 수 있느냐"고 신기해했다.

본의 아니게 내가 남다른 암기력을 키우게 된 데는 비화가 있다. 우리 방송사가 개국한 지 얼마 안 됐을 무렵, 나는 일주일에 한 번씩 방송되는 토크 프로의 진행을 맡게 됐다. 그런데 그 프로를 녹화했던 스튜디오의 인프라가 좀 열악했다. 자체적으로 비치된 프롬프터가 없어서 녹화 때마다 매번 멀리 떨어진 다른 스튜디오에서 끌고 와야 하는 상황이었다. 난감해하던 제작진을 대표해 담당 CP(책임 프로듀서)가 "혹시 프롬프터 없이 해보면 안 되겠느냐"고 물어왔다. 난생처음 앵커 노릇을 하게 된 터라 방송 관행이 익숙지 않았던 나는 솔직히 프롬프터가 필요한 이유를 잘 몰랐다. 그냥 나 혼자 고생하면 여럿이 편하겠다 싶어서 "한번 해보자"고 시도한 건데, 별문제가 없어 이후로도 쭉 프롬프터를 안 쓰는 신기방기한 진행자가 돼버린 것이다.

실은 프롬프터가 여러 대 비치돼 있는 메인 스튜디오에서 선거 특집 방송 등을 진행할 땐 나도 프롬프터를 써보려고 해봤지만 안 쓰다가 쓰려니까 오히려 더 헷갈리기만 했다. 카메라가 아닌 프롬프터를 쳐다보게 되면 시청자와 눈을 정면으로 마주치지 않는 셈이라 아무래도 시선 처리가 부자연스러워지는 문제도 있었다. 그 바람에 제작진은 일손에 여유가 생겼다고 좋아하긴 했다. 프롬프터에 대본을 띄우려면 그 일만 담당하는 조연출 한 명을 고정으로 배치해야 하는데 내가 진행하는 프로에선 그럴 필요가 없기 때문이다.

이쯤에서 많은 사람이 궁금해했던 내 암기력의 비결을 공개하자면 실은 별게 없다. 여러 차례 소리 내 읽으면서 외운 것이 전부다. 처음엔 대본을 보면서 읽고, 두 번째는 서너 문장씩 외운 뒤 대본을 보지 않은 채 읽고, 세 번째는 열 문장씩 외워 읽는 식이다. 네 번째엔 한 페이지 전체를 쭉 외워서 읽다가 막히는 부분만 대본을 확인했다. 그러다 다섯 번째쯤 되면 거의 다 외운 상태가 되어 스튜디오에 들어갈 수 있었다.

대본 작성을 마치고 두툼한 인쇄본을 손에 잡으면 늘 다 못 외울까 봐 걱정이 들었는데, 막상 해보면 그게 되는 게 나도 좀 신기하긴 했다. 그래서 평소 농담 반 진담 반으로 후배들에게 "더 이상 대본이 안 외워지면 그땐 방송 진행 그만둘 거야"라고 입버릇처럼 말하곤 했다. 그러다 내 암기력 문제가 아니라 회사 사정이 생겨 그보다 일찍 TV 앞을 떠나게 됐다. 이후 심기일전해서 유튜브로 플랫폼을 옮겨 토크쇼 진행을 이어갔는데 그때도 당연히 프롬프터는 쓰지 않았다.

최근엔 80대에 접어든 배우 김혜자 선생님께서 모 방송 프로에 출연하신 걸 봤는데, 연기한 지 60년을 넘은 이분의 요즘 가장 큰 고민이 대본 암기라고 했다. 연기 인생을 끝까지 잘 이어가고 싶은데 외우는 능력이 예전 같지 않다는 것이다.

전에 10번 연습하면 외워지던 게 20번, 30번 해야 한다면서 만약 이렇게까지 해도 안 되면 연기를 그만둬야 한다고 하셨다. "연기는 내가 하는 말이다. 자기가 하는 말도 모르면 어떻게 연기를 하겠나. 기억력이 없어지면 그만둬야 되는데 그 순간이 언제 올까. 80세가 넘으니 그게 제일 두렵다"고 걱정을 내비치셨다. 눈빛 하나, 손짓 하나도 연기라고 평가받는 관록 있는 배우가 진정한 연기의 기본은 자기가 하는 말, 즉 대본을 외우는 것이라며 그걸 못 해낼까 전전긍긍하는 모습이 내겐 큰 울림으로 다가왔다.

제대로 된 연기를 하려면 일단 대사를 외워야 하는 것처럼 발레 역시 제대로 추려면 순서를 외우는 게 필수다. 문제는 암기라면 자신 있던 나도 이제 총기가 흐려졌는지 동작이 조합된 순서가 조금만 복잡해지면 절로 한숨부터 쉬게 된다.

'아쌍블레 소떼 아쌍블레 소떼 글리사드 아쌍블레 샹즈망 샹즈망 글리사드 주떼 탕르베 주떼 탕르베…' 발레를 배우지 않는 분들에겐 무슨 외계어나 신묘한 주문처럼 들릴지도 모르나 별나라 말도 마법사 말도 아니다. 평소 자주 하게 되는 발레 점프 동작들의 조합을 생각나는 대로 한번 적어본 것이다. 발레 수업에선 개별 동작을 하나하나 배우고 나면 이런 식으로 연결해서 그날 그날 다채로운 동작의 조합을 경험하게 된다. 이렇게 여러 동작을 조합하는 것을 앙셴느망

(enchaînement)이라고 한다. 그런데 따로따로 하면 그런대로 되던 동작들이 연결해서 하려고 하면 꼬이고 무너진다. 뭐 다음에 뭐를 해야 하는지 순서가 마구 헷갈리기 때문이다. 머릿속이 빙빙 돌다 보면 자연히 몸까지 버벅댄다.

발레 수업은 선생님이 먼저 시범을 보인 뒤에 수강생들이 따라 하는 식으로 진행한다. 그런데 초보자들은 아무리 애를 써서 기억해보려 해도 '순서 지옥'에 빠지기 일쑤다. 별수 없이 눈동자를 빛의 속도로 굴리면서 옆 사람을 커닝하는데 문제는 나보다 낫다고 여기고 따라 한 그 사람도 틀릴 때가 많다는 점이다. 그래서 마르고 닳도록 듣게 되는 선생님의 잔소리는 "눈을 쓰지 말고 머리를 쓰세요. 시신경 말고 뇌세포를 사용하시라고요!"다.

선생님이 수업 중 자주 하는 또 다른 말은 "머리 나쁘면 발레 못 한다"는 거다. 순서 외우기는 기본이고 그 밖에도 신경 쓸 게 많아도 너무 많아서다. 음악의 리듬에 잘 맞춰 동작을 하고 있는지가 그 수많은 것 중 하나다. 기초반 수강생들이 어려워하는 부분이기도 한데 자기가 하는 동작에만 집중하다 보면 음악과 몸이 따로 놀 때가 허다하다.

어디 그뿐인가. 어깨를 내리고 가슴을 펴서 제대로 풀업 자세를 취했는지, 다리는 턴아웃이 됐는지, 팔꿈치가 떨어지지 않도록 포르 드 브라를 하고 있는지…. 음악에 맞춰 몸을 움직이기 시작하는 순간, 기본적으로 챙겨야 할 것들만 나열해도 끝이 없다. 동시에 여러 가지 일을 수행해야 하는 '멀티 태스킹(multitasking)'의 최고봉이라고나 할까?

멀티 태스킹이 잘 안되는 나 같은 신참들은 뭐가 잘못됐다는 지적을 받으면 그걸 고치는 동안 다른 게 엉망진창이 된다. 나만 해도 오늘 수업에서 선생님께 팔 모양이 틀렸다는 얘기를 듣곤 그걸 바로잡다가 음악의 리듬을 완전히 놓쳐버렸다. 이처럼 완벽한 동작을 위해선 신경 써야 할 수많은 사항들을 매 순간 잊지 않고 몸으로 구현해야 하니, 다시 한번 말하지만 발레는 참 어렵다.

안 그래도 어려운 발레가 더 어렵게 느껴지는 이유는 바로 선생님들이 조합하는 동작의 종류와 순서를 걸핏하면 바꿔서다. 어제 하던 그대로 오늘도 한다면 어지간히 따라 할 수도 있을 텐데 매번 연습 루틴에 변화를 주어 수강생들을 '멘붕'에 빠지게 만든다. 일부러 골탕 먹이는 건 절대 아니겠지만(혹시 그런 걸까?) 때로는 원망스러운 마음이 살짝 드는 것도 사실이다.

제자리에서 뛰는 점프 동작인 소떼(sauté)를 연결해서 연습할 때도 그랬다. 대개는 발 포지션을 '1번-1번-2번-2번-

5번－5번' 정도로 바꿔가며 연습했는데 난데없이 '1번－5번－
1번－5번－4번－5번－2번－5번' 순으로 뛰어보라는 것이 아
닌가. 동작 자체가 그리 어려운 건 아니지만 한 번도 안 해봤
던 순서로 뛰라고 하니 다들 발이 꼬이며 점프가 엉망진창이
돼버렸다. 그런 우리들을 지켜보다 J 선생님이 한마디 하신다.
"맨날 하던 대로만 하면 발전할 수 없어요. 도대체 언제까지
제자리에 머무르실 겁니까? 낯선 순서에도 몸을 맞춰 움직일
수 있어야 실력이 느는 거예요."

　백 번 맞는 얘기다. 언제까지 초심자니까 봐달라고 징징대
고 있을 것인가. 그래서 원망은 쏙 날려버리고 머리를 열심히
굴려가며 알려준 순서대로 발을 바꿔가며 뛰어보았다. 그렇게
여러 차례 시도한 끝에 마침내 성공했을 때의 성취감이란! 역
시 노력은 힘들어도 그 열매는 달콤하다.

　그러고 보니 극도로 집중해서 뇌가 가진 능력의 최대치를
발휘하는 건 오랜만이다. 마지막으로 유튜브 토크쇼를 진행
한 뒤론 대본을 통으로 외우는 일과 멀어졌으니 말이다. 늘
하던 일을 안 하니까 그새 확실히 암기력이 떨어졌는지 발레
를 하며 종종 순서 지옥에서 허우적대게 된다. 하지만 여전히
현역으로 분투하시는 김혜자 선생님을 떠올리면 감히 내가
나이 탓을 할 처지는 아닌 것 같다. 앞으론 젊은 친구들이 한

두 번 해서 외우는 걸 나는 너덧 번 해야 되더라도 군소리 없이 열심히 임할 것이다. 너덧 번이 아니라 열 번 해서라도 외워지기만 한다면 감사한 일이다.

그동안 발레를 하면서 몸의 근육이 늘었다고 좋아했었는데, 생각해보니 뇌에도 상당히 '근육'이 붙었을 것 같다. 그러니 이제 선생님이 아무리 어려운 순서를 짜와도 즐거운 마음으로 도전해볼 것이다. 새롭고 낯선 순서일수록 뇌를 팍팍 자극할 테고 그만큼 나의 뇌 건강은 더욱 좋아질 테니까. 벌써부터 다음 발레 수업이 무지무지 기다려진다.

질문이
많은 사람

○

class

(클래스)

클래스, 즉 발레 수업은 바 워크(barre
work)와 센터 워크(center work)로
나뉘어 진행된다. 바를 잡고 하는
훈련을 먼저 한 뒤에 바를 치우고 나서
센터, 즉 연습실의 중앙에서 턴이나
점프 같은 동작들을 주로 훈련한다.

ᘯ

　나는 33년간 질문하는 게 직업이었던 사람이다. 그러
다 보니 어디 가든 무얼 하든 반드시 표가 난다. 발레 수업에
서도 마찬가지다. 잘 모르는 부분이 있으면 수업 중에도, 쉬
는 시간에도, 수업이 끝난 뒤에도 두 분 선생님께 폭풍 질문
을 한다. "방금 전처럼 점프 동작을 연달아 할 때 팔은 어떻
게 움직여야 하나요?" "턴을 할 때 무게 중심은 어느 다리에
두는 게 맞나요?" "팔을 위로 들면 눈은 어디를 쳐다봐야 하
나요? 유튜브에선 손끝이 아니라 팔꿈치 뒤쪽을 멀리 보라
는데 그게 맞는 소리인가요?" 온갖 질문이 꼬리에 꼬리를 물
고 이어진다.

　하루 이틀도 아니고 질문 많은 늦깎이 수강생이 귀찮을 법
도 한데 매번 알기 쉽게 설명해주려 애쓰시는 선생님들께 늘

감사한 마음이다. 더구나 발레는 답변이 말로만 끝나는 게 아니라 직접 몸을 움직여 시범까지 보여주어야 하니 질문하는 입장에선 송구스러울 때가 많다. 하지만 모르는데 대충 넘어가는 걸 도저히 참지 못하는 성격인지라 날마다 죄송함을 무릅쓰고 씩씩하게 외친다. "선생님, 질문 있는데요!"

일터에서도 나는 질문에 늘 진심이었다. 질문하는 것 못지않게 질문을 받는 데도 기꺼이 열려 있었다. 묻지도 따지지도 말고 "까라면 까" 식의 조직 문화를 도무지 참기 힘들어하는 체질이었다. 요즘 MZ 세대가 "이걸요?" "제가요?" "왜요?"를 입에 달고 사는 바람에 기성세대들이 '3요'에 시달린다는 소리를 들을 때면 쓴웃음이 난다.

해당 업무의 목적이 뭔지(이걸요?), 이 직원이 그 업무를 잘할 수 있다고 생각한 이유가 무엇인지(제가요?), 문제의 업무가 회사에 어떤 보탬을 주는지(왜요?)에 대해 충분한 설명이 없었으니 나오는 질문들이다. 그럼 납득이 되도록 답변을 해주면 될 텐데 마치 질문 많은 게 문제라는 식으로 몰아붙이는 게 나로선 이해가 잘 가지 않는다. 아마 한참 높은 연조의 선배가 지시한 업무에 대해서도 이해가 안 가면 질문을 참지 못했던, 그러다 혼쭐이 나기도 했던 내 신입 시절이 떠올라서 그런 모양이다.

그때부터 내내 내가 선배가 되면 다른 식으로 일할 거라고 다짐했었다. 첫 기회는 신문에서 방송으로 옮긴 뒤 보도국에서 국제 뉴스를 담당하는 부서의 부장이 되면서 찾아왔다. 당시에 우리 부는 회식을 꽤 자주 했다. 우리 부 팀워크가 워낙 끈끈해서 그랬던 것 같다. 부원의 생일을 축하하기 위해서, 큰일 치러내고 난 뒤 서로 격려하는 차원에서 많이 먹고 많이 웃고 많이 떠드는 시간을 가졌다.

그런 자리에서 후배들과 자주 하던 술자리 게임이 하나 있다. 간단히 설명하면 '야자 게임'과 '진실 게임'을 합쳐놓은 식이랄까. 누군가 반말로 궁금한 걸 물어보면 대답을 하든지, 답을 하기 싫으면 벌칙으로 술 또는 음료를 한 잔 마신다. 그런 뒤엔 답변자가 다시 질문자가 되어 서로 묻고 답하기를 쉼 없이 이어가는 거다. 이런 게임에서 제일 손해 보는 건 가장 상급자이자 연장자인 나다. 처음엔 까마득한 선배에게 말 놓는 걸 다들 망설이는데, 후환이 없다는 걸 확인하고 나서는 집중포화를 퍼붓는다. "솔직히 회사 때려치우고 싶다는 생각 들 때 없어?" "요새는 뭐 할 때 제일 행복해?" 공사 가리지 않고 거침없이 질문 세례를 쏟아낸다.

남들이 보면 하극상이라고 오해할지도 모를 이 게임을 즐겨 했던 이유는 단 하나, 바로 후배들과 '대화'를 하고 싶어서였다. 세상이 많이 달라졌다지만 여전히 윗사람 혼자 얘기하고 나머지는 입 꾹 다문 채 듣기만 하는 것이 흔하디흔한 직장 내 풍경 아닌가. 그걸 우리 부서에서나마 바꿔보려고 내 딴엔 일종의 실험을 해봤던 셈이다. 회식 자리의 흥겨운 분위기를 틈타 부장한테 편하게 질문을 던지다 보면 자연스레 평소 사무실에서도 해야 할 말을 부담 없이 꺼내 놓게 되지 않을까 기대했던 것이다.

과연 바라던 성과가 나왔느냐고? 답은 "대체로 그렇다"이다. 사람마다 차이가 있긴 했지만 적어도 내가 두렵고 무서워서 후배들이 하고 싶은 얘기를 속으로 삼키는 일은 별로 없었던 것 같다. 특히 중간 연차보다는 막내급 후배들이 자기 의견을 밝히는 데 적극적이었다. "부장은 이러이러하게 하라는데 제 생각에 그건 아닌 것 같거든요? 차라리 저러저러하게 하는 게 좋지 않을까요?"라는 식이었다. 술 게임까지 해가며 애써 만들고자 했던 '위아래 없는 소통'을 확실히 체감할 수 있었다.

그렇다고 늘 후배들이 말하는 대로 다 들어주기만 한 것은 아니다. 일단 나와 다르게 생각하는 이유부터 물어본 뒤 그게 타당하다고 여겨질 땐 기꺼이 내 의견을 접고 후배들 뜻을 따르는 쪽을 택했다. 반대로 얘기를 나눠봐도 내 생각이 더 옳다고 판단되면 후배들이 납득할 수 있게 충분히 설명하고 이해를 구하기도 했다. 때로는 서로 생각을 주고받는 과정에서 이도 저도 아닌 제3의 대안을 찾아낼 때도 있었다. 그야말로 질문하고 답하는 소통의 힘이 입증되는 순간이었다.

국장이 되고, 본부장이 된 뒤에도 변함없이 이런 내 스타일을 지켜가려고 애썼다. 내친김에 한발 더 나아가 이같이 격의 없는 소통 문화를 우리 조직의 울타리를 넘어서 널리 전파시키기 위해 일을 벌이고 나섰다. 바로 〈차이나는 클라스〉를 탄생시킨 것이다. 이전까지 모든 방송사의 강연 프로들은 예외 없이 일방통행 식이었다. 높은 연단에 선 강연자가 청중을 상대로 가르침을 와르르 쏟아내곤 그걸로 끝이었다. 청중 입장에선 더 궁금한 게 있어도, 생각을 달리하는 부분이 있어도 강연자에게 물어볼 기회를 가질 수 없었다.

우리가 경험했던 학교 교실을 꼭 빼닮은 이 천편일률적인 강연 형식을 완전히 바꿔보고 싶었다. 어떤 질문이 나와도 쿨하게 받아주는 선생님, 권위에 억눌리지 않고 무엇이든 거리낌 없이 질문할 수 있는 학생들 모습을 있는 그대로 보여주고자 했다. TV 화면을 통해서라도 자유롭게 소통하는 수업 장면을 접하다 보면 현실 속 학교의 풍경도 서서히 달라지지 않을까, 그렇게 학교가 달라지면 일터도, 사회도 차차 바뀌게 되지 않을까 하는 기대를 품었다.

실제로 '국내 첫 쌍방향 소통형 강연 프로그램'이라는 기치를 내걸고 〈차이나는 클라스〉가 막을 올렸을 때 바로 그 낯선 광경 때문에 신선한 충격을 받았다는 분들이 많았다. 사실 방송 초기엔 선생님으로 나온 전문가들도, 학생 역할을 맡은 패널들도 끊임없이 묻고 답하는 강연 형식을 어색하고 불편해했다. 하지만 우리 프로그램을 통해 교실과 일터, 사회 곳곳에 의미 있는 변화를 일으키고 싶다는 제작진의 취지에 강연자들도, 패널들도 서서히 공감하고 적응해나갔다. 패널들의 쏟아지는 질문에 예상치 못했던 장면이 연출되기도 하고, 강연자들도 대중의 궁금증에 더 귀를 기울였다. 시청자들 역시 질문 공세에 적극 참여하며 진정한 소통형 프로그램이 만들어졌다.

〈차이나는 클라스〉가 보여준 질문의 힘에 감명받았다는 잡지사 에디터와 인터뷰를 한 적이 있다. 20~30대 청년들이 의기투합해 만드는 잡지에서 그달의 주제를 '질문'으로 잡고 내게 인터뷰를 요청한 것이다. 만나자마자 그는 〈차이나는 클라스〉 첫 방송을 보고 "좋았지만 묘하게 씁쓸하기도 했다"는 소감부터 전했다. 자기도 학창 시절에 저렇게 교육받았다면 훨씬 더 즐겁게 공부하지 않았을까 하는 아쉬움을 느꼈다는 거다. 제작진의 의도가 고스란히 시청자에게 전달된 것 같아 진심으로 뿌듯하기 그지없었다.

이후 다른 채널에서도 엇비슷한 강연 프로가 수없이 쏟아졌다. 거리낌 없이 대놓고 베끼는 방송가의 풍토 탓이다. 우리가 깊이 고민해 내놓은 결과물을 손쉽게 따라 만든 유사품을 볼 때마다 화가 치밀기도 했던 게 솔직한 심경이다. 심지어 어떤 방송 프로는 형식은 물론 주제와 강연자, 내용 구성까지 수십 회를 똑같이 만들기도 했다. 분통 터지는 일이지만 그래도 위안이 되는 게 한 가지 있긴 하다. 덕분에 TV 화면에 비치는 교실에선 질문하고 질문 받는 게 당연한 풍경이 되었다는 것이다. 질문이 살아 숨 쉬는 소통형 강연의 첫선을 보인 사람으로서 바로 그 점을 작은 보람으로 간직할까 한다. 현실 속 교실도, 일터도 그리고 우리 사회 곳곳이 질문에 더 활짝 열리길 꿈꿔본다.

생의
마지막까지
꿈꿀 수
있기를

4부

누가 뭐라 하든 가능한 한 오래오래
발레를 하고 싶다.
우아하고 꼿꼿한 할머니 발레 수강생,
생각만 해도 멋지지 않은가.

불가능한
꿈이라도,
두려움 없이

○

SOUS SUS

(쑤쒸)

두 발을 한데 모아서 발꿈치를 높이
들고 발끝으로 서는 동작. 마치 한 발로
선 것 같은 느낌을 주어야 한다.

70대 남성이 처음 발레에 도전한다는 얘길 듣는다면 어떤 생각이 들까? 몇 해 전 방영된 웹툰 원작의 드라마 〈나빌레라〉는 70세 제자가 23세 선생에게 발레를 배운다는 흥미로운 설정으로 많은 이들의 이목을 끌었다. 극 중에서 20대 선생 '채록' 역의 송강 배우가 보여준 뛰어난 발레 실력 못지않게, 70대 제자 '덕출' 역을 맡은 박인환 배우의 발레 연기에 나는 감탄을 금치 못했다. 아무리 집중 연습을 했다지만 70대 중반인 노배우가 어려운 발레 동작들을 그 정도라도 소화해냈다는 게 마냥 놀랍기만 했다.

극 중에서 덕출은 먹고살기 어려운 시절에 태어나 우편집배원으로, 세 자녀와 아내를 둔 가장으로 성실하게 살아간다. 그러다 직장에서 퇴직한 뒤 한가로운 노후를 맞게 되는데 웬

지 하루하루가 헛헛하기만 하다. 우연히 발레 영재 채록이 춤
추는 모습을 접하면서 불현듯 덕출의 가슴속에서 예기치 못
했던 열망이 치밀어 오른다. '마지막으로 나도 저렇게 한번
날아오르고 싶다!'

무려 일흔의 나이에 발레를 배우기로 결심한 그를 처음엔
가족들도, 선생님이 돼줘야 할 채록도 마뜩잖게 여긴다. 하지
만 덕출은 흔들림이 없다. 더 이상 주변의 시선도, 나이에 대
한 통념도 신경 쓰이지 않을 만큼 새롭게 살아보고 싶은 갈망
이 그를 단단히 사로잡았기 때문이다.

그런 덕출이 성가시기만 한 채록은 그를 포기시키기 위해
조건 한 가지를 내건다. 쑤쒸(sous sus), 그러니까 두 발을 한
데 모아서 발꿈치를 높이 들어 올린 자세로 1분간 버틸 수 있
다면 발레를 가르쳐주겠다고 한 것이다. 의욕에 가득 찬 덕출
은 할 수 있다며 순순히 조건을 받아들이지만, 사실 채록의
스승조차 "비현실적"이라고 걱정할 정도로 결코 쉬운 동작이
아니다. 하체 근력이 받쳐주지 않으면 발목이 흔들흔들하거
나 발끝으로 종종걸음을 치며 비틀거리게 된다.

당연히 덕출도 의욕과 달리 몸이 말을 듣지 않아 넘어지고
엎어지며 어려움을 겪는다. 하지만 오로지 발레를 배우겠다
는 굳은 의지로 끝내 채록이 내준 숙제를 해내고야 만다. 비

록 정석대로 두 발을 모아 서지 못하고 벌려 선 채로 뒤꿈치를 들긴 했지만 그마저도 칠십 노인으로선 대단한 일이 아닐 수 없다.

발뒤꿈치를 들어 올리고 서 있는 게 뭐가 그렇게 어렵냐고 할지 모르지만, 쑤쒸 자세로 1분이나 버티는 건 사실 나도 아직 해본 적이 없다. 발레 수업 도중 쑤쒸로 서 있는 동작을 자주 하긴 하지만 오래 버티는 건 또 다른 문제다. 금세 휘청거렸던 생초보 시절과 달리 하체에 어느 정도 힘이 생긴 지금은 한동안은 흔들림 없이 서 있을 수 있게 되긴 했다. 쑤쒸란 그만큼 근육을 단련하는 노력이 선행돼야만 제대로 할 수 있는 동작이란 얘기다.

드라마에서도 덕출이 쑤쒸를 시작하기 전에 구슬땀을 흘리며 근력 운동을 하는 장면이 나온다. 인생 후반부에 새로운 도전에 나서려면 그만큼 피나는 노력을 기울여야 한다는 걸 덕출이 보여주고 있는 거다. 그가 그토록 무리하며 애를 쓰는 모습이 의아하기만 한 채록이 묻는다. 왜 그렇게 발레가 하고 싶으냐고. 그제야 덕출은 자신의 오랜 꿈을 조심스레 꺼내 놓는다. "안 이뤄질 건 아는데 그래도 한 번쯤은 무대에 오르고 싶어서. 〈백조의 호수〉를."

덕출보다야 젊긴 하지만 그래도 적지 않은 나이에 발레를 시작한 나 역시 같은 질문을 종종 받곤 한다. 왜 굳이 발레를 하고 싶은 거냐고. 혹시 공연 무대에라도 오르고 싶은 거냐고. 물론 언젠가 공연의 기회가 주어진다면 나 역시 절대 마다하지 않을 것이다.

발레를 배우기 시작한 지 얼마 지나지 않았을 무렵, 우리 학원의 창립 21주년 기념 공연이 열렸다. 비록 프로 무용수만큼 노련하지는 못하지만 무대에 선 동료 수강생들의 모습이 얼마나 멋져 보였는지 모른다. 동작 하나하나를 선보이기 위해 그네들이 흘렸을 피·땀·눈물이 눈에 선히 보이는 듯했다. 공연을 보면서 과연 내가 저만큼 할 수 있을까 하는 의구심이 드는 동시에 나도 언젠가 꼭 무대에 서고 싶다는 갈망이 생겼다. 아직 다음 공연 시기가 정해지진 않았지만 어느 때 오디션이 열려도 무난히 통과할 수 있을 만큼 짱짱한 실력을 갖추고 싶은 마음이 간절하다.

의욕도 열정도 차고 넘치는 나에게도 걱정이 하나 있다. 과연 내 발목과 무릎 관절이 버텨줄 수 있을까? 그래서 초반엔 점프를 뛸 때 불안한 마음에 소극적인 모습을 보이기도 했다. 전문적으로 훈련받은 무용수도 늘 부상을 달고 산다고 하니 나 같은 중년의 취미 발레인이야 관절을 다칠 위험이 더 크지 않을까 싶었다. 고민 끝에 몇 달 전부터 무릎과 발목 근육을 강화하는 운동을 꾸준히 하고 있는데 운동 효과가 슬슬 나타나기 시작했다. 그래서 예전보다 자신감 있게 크고 작은 점프를 뛰었더니 선생님들이 점프가 훨씬 좋아졌다고 칭찬하시는 게 아닌가. 그래, 맞다! 지레 포기하는 대신 정말로 할 수 없을 때가 오기 전까지는 뭐라도 시도해봐야 하는 것이다.

50대 중반에 처음 발레의 세계에 입문하면서 과연 내 또래 중 발레를 배우는 사람이 몇이나 되는지가 궁금했다. 얼핏 생각해봐도 그리 많을 것 같지는 않았다. 고령화가 급속히 진행되고 있지만 아직 우리 사회는 그 많은 고령자들을 열린 마음으로 수용할 준비가 돼 있지 않은 게 사실이다. 우리 회사만 해도 정규직인 여성 임직원 가운데 내가 나이로도 기수로도 최고참일 만큼 50대 현역은 소수에 속한다. 늘어나는 수명에 맞춰 정년을 만 60세보다 더 연장한다는 소리도 나오지만 실제 직장에서 은퇴하는 평균 연령은 남성 51.1세, 여성 47.8세에 불과하다(2023년 5월 통계청 조사). 일터에선 나이 많은 게 결코 자랑거리가 못 되는 세태인 것이다.

그래서 혹시나 하는 노파심에 처음엔 발레 학원에서 굳이 나이를 밝히지 않았다. 청년들과 나름대로 잘 어울리고 있는데 공연히 50대인 게 알려지면 노인네 취급 받을까 봐 조심스러웠다. 그러던 어느 날 놀라운 얘기를 듣게 됐다. 우리 학원에 60대인 수강생도 있다는 거다. 학원 창립 21주년 기념 공연에 그분이 무대에 올랐고, 공연 준비 과정에서 환갑 기념 파티도 가졌다고 했다. 세상에나, 회사에서와 달리 여기에선 내가 최고령이 아니었구나.

내친김에 선생님께 "혹시 50대 수강생들도 좀 있나요?"라고 물었더니 나 외에도 여러 명이란다. 그분들이 내 눈에 띄지 않았던 건 기초반인 나와 달리 더 높은 등급의 반에서 수강하고 계시기 때문이었다. 50대·60대에도 발레를 배우는 분들이 많다니, 그분들이 기초반을 벗어나 계속 상급반으로 전진 중이라니… 그날 이후 내겐 큰 희망이 생겼다. '아, 나이가 더 들어도 계속 발레를 해도 되겠구나. 열심히만 하면 지금보다 실력이 더 나아질 수 있는 거구나.'

한결 마음이 놓이면서 자연스럽게 같은 반 발레 친구들에게 내 나이를 털어놓았다. 왕따를 당하진 않을까 염려했던 건 기우에 불과했다. 하나같이 "너무 멋지다"면서 "언니 나이가 될 때까지 우리도 발레하고 싶다"며 응원을 해준다.

솔직히 100세 이상 노인도 심심치 않게 찾아볼 수 있는 이른바 '호모 헌드레드(Homo Hundred)'의 시대에 50대·60대는 아직 한창이라고 봐야 하지 않을까? 'Sixty is the new forty'라는 말이 통용될 만큼 요즘 60대는 예전 40대 수준의 건강과 활기를 지니고 있다. 그렇다면 아직 60세도 채 못 된 나는 옛날로 치면 30대에 해당한다고 우겨도 큰 무리가 아닐 게다. 게다가 나 스스로 내 나이가 50대 중반이라는 게 믿기지 않을 때가 많다. 마흔 살이 지난 이후론 굳이 나이를 헤아려 가며 살지 않아서일까? 내가 느끼는 체감 나이는 글쎄, 40대 초반 정도에 머물러 있는 것 같다. 어쩌면 정신 연령이 거기서 멈춰버렸는지도 모른다.

자랑 같지만 내겐 101세까지 몸과 마음의 건강을 유지하다 편안히 영면에 든 할머니도 계셨다. 만약 그 어른의 우월한 유전자를 물려받았다면 나 역시 100세 인생을 맞이할 확률이 꽤 클 터다. 그렇다면 아직 일생의 절반밖에 못 산 셈인데 벌써부터 나이 탓을 하며 움츠러들기는 싫다.

〈나빌레라〉에서 덕출이 발레를 배우겠다고 하자 그의 아내는 극구 반대하며 "미쳤냐" "곱게 늙어야지!"라고 막말을 퍼붓는다. 다행히 나는 미쳤다는 소리까진 안 들었지만 그러다 다치면 어떡하느냐는 걱정은 많이 들었다. 공연히 안 하던 짓하지 말고 조신하게 살라는 조언이다. 하지만 근육은 얌전히 놔두면 더 약해지고, 조심스럽기만 한 마음가짐은 쉬이 근력을 잃기 마련이다. 그러니 더 늦기 전에 '미친 짓'도 한번 해보지 뭐. 까짓것 어떤가. 중년 이후의 삶을 더 풍요롭고 행복하게 만드는 건 두려움 없는 태도 아닐까.

활기찬 인생 2막을 위해서 미리미리 돈 관리도 해두고 건강도 챙겨놔야겠지만 진짜 필요한 건 새로운 도전을 향해 활짝 열린 마음가짐이다. 그동안 가족을 부양하느라 혹은 직장에 매여 있어서 엄두도 내지 못했던 일들, 하지만 더 늦기 전에 꼭 해보고 싶은 일들을 저지를 수 있는 절호의 기회가 바로 이때일 테니까.

'나이 들면 보라색 옷을 입을 거예요 / 거기에 어울리지도 않는 빨간 모자를 쓸 거고요 / … 젊었을 때 조신하게 산 걸 만회해볼래요 / 슬리퍼만 신은 채 빗속을 노닐고 / 남의 집 정원에 핀 꽃을 꺾을 거예요 / 침 뱉는 법도 한번 배워보렵니다…'

영국인들의 애송시인 제니 조셉의 '경고(Warning)' 속 구절이다. 미국에서 1년간 연수하던 시절에 동네에서 보라색 옷을 입고 빨간 모자를 쓴 은발의 여성들 무리를 마주친 적이 있다. 이 시에서 영감을 얻어 만들어진 '빨간 모자 협회(The Red Hat Society)' 회원들이라고 했다. 원래 50세 이상만 가입할 수 있었는데 현재는 연령 제한이 없어졌단다. 남의 시선에 아랑곳없이 인생을 즐기려는 열린 마음만 있으면 된다고.

- 재미와 우정, 건강 및 신체 단련에 대한 열정을 증진한다
- 긍정적인 방식으로 자유롭게 자기 자신을 표현한다
- 평생에 걸쳐 꿈을 이루기 위해 노력한다

이 협회 홈페이지에 소개된 행동강령이다. 비록 '빨간 모자 협회' 정식 회원은 아니지만 나도 이런 마음가짐으로 살아보려 한다. 마침 옷장 속에 보라색 옷도, 빨간 모자도 있는데 내킬 때 한번 걸치고 나가볼까 싶다. 절대 나이 좀 들었다고 해서 남들이 규정하는 대로 살지는 않을 것이다.

발레만 해도 누가 뭐라 하든 가능한 한 오래오래 할 작정이다. 60대, 70대를 넘어 80대, 90대가 되더라도 발레를 즐기고 싶다. 우아하고 꼿꼿한 할머니 발레 수강생, 상상만 해도 멋지지 않은가. 물론 지금처럼 젊은이들과 한 반에서 배우는 즐거움은 포기해야 할 때가 올지 모른다. 그럼 시니어 발레 반을 만들어달라고 졸라서 거기에 합류하면 될 일이다. 그전까지 내가 도달할 수 있는 발레 기량의 최대치를 향해서 부단히 노력해볼 작정이다. 우리 인생, 끝날 때까지 결코 끝난 게 아니다.

발레를 하라니까
왜 룸바를 춰요?

○

balancé

(발랑세)

왈츠 음악에 맞춰 몸의 중심을 한 다리
에서 다른 다리로 옮기며 왔다 갔다 하
는 스텝.

발레는 춤이다. 당연한 소리 아니냐고? 요즘은 발레 피트니스, 발레 필라테스 등 발레를 춤보다는 운동의 관점에서 가르치는 곳도 꽤 많기에 하는 얘기다. 물론 발레 수업 초반에 배우는 동작들은 춤이라기보다는 고난도의 신체 단련처럼 느껴지는 게 사실이다. 발목·무릎·등·복부 등등 온몸의 근육이 다져져야 비로소 발레를 잘할 수 있게 되기 때문에 그런 훈련을 많이 할 필요가 있기도 하다.

그러다 처음으로 "와, 이건 진짜 춤이잖아"라는 생각이 들게 한 동작이 바로 발랑세(balancé)였다. 쿵짝짝 쿵짝짝 하는 왈츠 음악에 맞춰 한 쪽 다리에서 다른 쪽 다리로 무게 중심을 옮겨 다니는 스텝이다. 왈츠 음악이 워낙 흥겨워 덩달아 기분도 '업'되는 바람에 그 어느 동작보다 열심히 따라 하고 있었다. 그런데 갑자기 시범을 보이던 J 선생님이 음악을 멈추고 나를 빤히 쳐다보시는 게 아닌가. "아유. 누가 골반을 그렇게 돌리라고 했어요? 그건 발랑세가 아니라 룸바잖아요!"

이전에도 수업 도중 손동작이나 발 모양을 우스꽝스럽게 하는 바람에 발레가 아니라 다른 장르의 춤을 춘다는 지적을 여러 번 받았다. 하지만 들도 보도 못한 룸바를 추고 있다는 얘기까지 들으니 어안이 벙벙할 따름이었다. 게다가 다시 해보라는 선생님 말에 동작을 되풀이해봐도 여전히 몸의 진행 방향과 반대쪽으로 골반을 휙휙 틀고 있는 거다. 창피함에 얼굴을 들 수가 없었다.

집에 돌아와 거울을 보며 혼자 연습을 해봐도 도대체 왜 그러는 건지 자꾸 똑같은 실수를 반복했다. 마음처럼 제어되지 않는 몸짓에 속상해하던 중 불현듯 짚이는 구석이 있었다. 발레를 시작하기 전에 2년 정도 집 근처 피트니스클럽에서 줌바 댄스를 배웠다. 코로나 사태 초기, 줌바 댄스 강습에서 대규모 감염이 발생해 내가 듣던 수업까지 덩달아 폐지되고 말았다. 이후 댄스에 대한 금단 증세로 한동안 우울해하던 차에 마침 유튜브에서 마음에 드는 채널을 발견했고, 이른바 '홈줌바'로 기나긴 사회적 거리두기 기간을 버텨냈다. 아뿔싸, 줌바 댄스 안무 중 골반 틀기 동작이 많이 들어 있었고,

내 안의 룸바 세포는 바로 거기에서 나온 것이었다. 발레에 집중하려고 몇 년이나 해온 홈줌바도 딱 끊었는데 수없이 반복했던 동작을 몸은 잊지 않고 기억하고 있었던 모양이다.

발레를 배운다, 줌바 댄스도 해봤다고 하니 얼핏 춤에 대단히 소질이 있나 보다 싶겠지만, 실은 난 춤에 대한 흑역사가 더 많은 사람이다. 얼마 전 회사 후배들과의 모임에서 발레 얘기를 꺼냈다가 까마득한 시절의 부끄러운 추억이 소환됐다. 오래전에 나와 한 부서에서 일하며 함께 노래방깨나 다녔던 후배 기자 P가 대놓고 "근데 선배는 춤 잘 못 추잖아"라는 거다. P의 말에 따르면 그때 그 시절에 신나는 노래가 나오면 내가 자리에서 일어나 열심히 팔다리를 허우적거리는데 그게 춤보다는 국민체조에 가까워 보였다나. 얼굴이 화끈거리는 걸 짐짓 감추며 이렇게 대꾸했다. "춤을 잘 추고 못 추는 게 뭐가 중요하니? 내가 좋아하면 그만이지. 그리고 내가 언제 발레 잘한다고 그랬냐? 그냥 좋으니까 하는 거라고!"

그렇다. 나는 춤을 잘 추진 못하지만 춤을 참 좋아하긴 하는 것 같다. 노래방에서는 물론이고 일상생활을 할 때도 어디선가 흥겨운 음악이 들리면 절로 몸이 들썩거리고 고개가 까딱거려진다. 운전하는 도중에도 라디오에서 신나는 노래가 흘러나오면 목청 높여 따라 부르며 어깨춤을 추는 부류의 사람이다. 오죽하면 33년 전 입사 지원서의 취미 칸에 버젓이 '음주가무'라고 적었을까. 철없던 시절인지라 곧이곧대로 솔직하게 써냈던 거다. 무릇 취미라고 하면 독서 또는 영화 감상이라고 쓰는 게 '국룰'이던 고리타분한 시대에 말이다.

당시 면접 도중 면접위원들 사이에 "즉석에서 노래 한번 시켜보자"는 파와 "신성한 면접장에서 그러면 안 된다"는 파가 나뉘어 가벼운 말싸움까지 일었다. 예기치 못한 상황은 좌장인 듯한 분이 "노래는 입사한 뒤 회식 자리에서 들어보는 걸로 하자"고 선언하며 마무리됐다. 합격 예고처럼 들리기도 했던 그분의 말대로 나는 입사에 성공했고, 이후 '1차 저녁, 2차 노래방' 회식이 난무했던 1990년대 내내 흥 많은 동료들과 함께 무대를 휘젓고 다녔다. 요즘도 떠올릴 때마다 얼굴에 미소가 지어지는 즐거운 추억이다.

춤과 노래에 대한 나의 짝사랑은 아주 어린 시절부터 시작됐다. 부모님께서 국민학교에 입학하기 전부터 각종 공연장에 많이 데리고 다니신 덕분이다. 그때 〈지저스 크라이스트 슈퍼스타〉나 〈아가씨와 건달들〉 같은 국내 뮤지컬 역사의 초창기 작품들을 일찌감치 접하면서 뮤지컬 배우라는 멋진 직업이 있다는 것도 알게 됐다. 무대 위에서 춤과 노래를 동시에 선보이는 배우들의 모습이 어린 내게 무한한 동경을 품게 했다. 그래서 중학교 1학년 때까진 매 학년 초에 실시하는 장래 희망 조사 때 뮤지컬 배우라고 당당히 적어냈다.

그러다 좋아하는 것과 잘하는 것은 엄연히 다르다는 깨달음을 얻는 시기가 찾아왔다. 학교 축제에서 성악과 무용을 전공하려고 준비하는 친구들이 어느 정도로 뛰어난지 지켜보면서 소위 '현타(현실 자각 타임)'가 온 거다. '아, 나 정도로 노래하고 춤추는 걸론 어림도 없겠구나.' 눈물 머금고 공부 열심히 하는 평범한 학생으로 살기로 결심한 순간이었다. 노래와 춤을 직업으로 삼는 대신, 순수한 사랑의 대상으로 간직하는 게 어쩌면 더 행복할지 모른다며 애써 정신 승리를 하기도 했다.

그래도 남는 일말의 아쉬움은 어쩔 도리가 없었다. 그 시절 헛헛한 내 마음을 달래준 건 교내 성가대 활동과 일주일에 한 시간씩 하는 무용 수업이었다. 당시 내가 다니던 중학교는 미션 스쿨이라 예배가 매주 잡혀 있고 거기서 성가대가 찬양을 했다. 나는 단지 노래하고 싶다는 열망을 버릴 수 없어서 연합고사(지금은 폐지된 고입 선발시험)를 코앞에 둔 3학년 2학기까지 성가대 활동을 계속했다. 노래 연습하느라 공부할 시간을 뺏긴다고 선생님들께서 아무리 야단을 치셔도 끝내 고집을 꺾지 않았으니 노래를 정말 사랑하긴 했던 것 같다.

더불어 전 과목을 통틀어서 가장 좋아했던 무용 시간이 공부에 지친 나의 숨통을 터주곤 했다. 주당 고작 한 시간뿐인 게 더없이 아쉬울 따름이었다. 무용 선생님은 대부분 수업 때마다 음악을 틀어주시고 우리 마음대로 아무 춤이나 춰보라고 하셨다. 그때 친구들과 클래식 음악에 맞춰 어디선가 보았던 발레를 흉내 내는 춤을 추었던 기억이 난다. 제대로 배우지도 않은 채 발끝으로 종종거리고 팔을 나풀거리는 수준이었지만 마음만은 무대 위의 발레리나가 된 듯 행복하기 그지없었다. 이미 이때부터 나의 발레 사랑은 시작됐던 듯하다. 어떤 춤이든 춰보라는 선생님 말에 대번 발레를 추는 시늉을 한 걸 보면 말이다.

10대 소녀였던 그때나 50대 중년이 된 지금이나 발레는 내겐 변함없이 너무나 아름다운 춤이다. 몸짓도, 음악도, 의상도, 무대도 아름답지 않은 것이 하나도 없다. 지나칠 만큼 비현실적인 아름다움이라 손에 닿기 어려워 보이지만 오히려 그래서 더 사람 마음을 잡아끈다. 범접하기 힘든 아우라가 느껴지는 신비로움, 그게 다른 춤과는 차별화되는 발레만의 매력이 아닐까.

언젠가 세종문화회관에서 열린 프랑스 국립 롤랑 프티 발레단의 내한 공연을 보러 갔을 때였다. 자유자재로 자기 몸을 움직이는 무용수들을 보면서 사람의 신체가 그 어떤 예술 작품보다도 아름답다는 생각을 처음으로 하게 됐다. 이후로도 발레의 매력을 잊지 못해 바쁜 일상에서도 짬을 내 간간이 발레 공연장을 찾았다. 솔직히 자주 보러 가기엔 워낙 표 값이 비싸다. 그럼에도 보지 않으면 후회할 게 뻔한 공연은 일단 지르고 난 뒤에 허리띠를 졸라맨다. 한국이 낳은 세계적인 발레리노 김기민이 2018년 마린스키 발레단 동료들과 함께 선보였던 〈돈키호테〉 내한 공연도 그랬다. 가까이에서 그의 모습을 보고 싶어 제일 비싼 표를 샀고 그 덕분에 중력을 거슬러 공중을 나는 듯한 그의 점프를 말 그대로 코앞에서 감상할 수 있었다. '김기민이 김기민했던' 무대에 정말 어찌나 감동했는지!

바라보는 것만으로도 마냥 좋았던 발레를 직접 하게 되다니 요즘 나는 마치 구름 위를 둥둥 떠다니는 것 같은 기분이다. 물론 내 마음대로 몸이 움직여주지 않아 속상할 때도 많지만 그래도 행복한 마음이 더 크다.

발레를 몹시 사랑하는 팬들 중엔 발레를 배우려 시도했다가 금세 그만두는 이들도 있단다. 그동안 지켜봐왔던 무대 위 무용수들에 비해 한없이 비루한 자신의 몸놀림을 도저히 견딜 수 없어서란다. 충분히 공감할 수 있는 이유다. 하지만 취미로 즐기는 입장에서 프로 무용수처럼 완벽하게 능숙할 순 없는 노릇이다. 내 팔다리의 움직임도 여전히 한심한 수준이지만, 오랫동안 동경해온 발레의 세계에 용기 내서 발을 내디뎠다는 것 자체만으로 날마다 작은 행복을 맛본다.

좋아서 시작한 발레이기에 다른 사람보다 잘하는 게 아니라 어제보다 나은 내가 되는 걸 목표로 삼아 즐거운 마음으로 가능한 한 오래오래 해보려고 한다. 한때 나를 절망케 했던 발랑세만 해도 연습을 거듭하면서 조금씩 발전해가고 있다. 문제의 원인을 파악한 뒤론 더 이상 우스꽝스러운 실수를 하지 않게 됐다. 로봇처럼 딱딱하게 스텝을 밟던 과정을 지나 요즘은 그래도 꽤 춤 비슷하게 출 수 있게 됐다. 리듬도 더 잘 타고 팔과 다리도 예전보다는 우아하게 놀릴 수 있다.

얼마 전엔 발레가 아니라 룸바를 춘다고 기막혀했던 J 선생님께 "지금 발랑세하는 느낌 아주 좋아요"라는 칭찬까지 들었다. 그래서 오늘도 수업에서 발랑세를 출 수 있다는 기대감에 학원으로 발걸음을 내딛는다. 쿵짝짝 쿵짝짝 왈츠 음악의 선율을 신나게 흥얼거리면서.

내 인생의
참 좋은 선생님들

○

pas de
bourrée

(파 드 부레)　　마치 바느질 땀처럼 발끝으로 종종걸음
　　　　　　　　치듯 이동하는 스텝.

ℓ

　'세 살 버릇 여든 간다'더니 나에겐 예나 지금이나 별로 변하지 않은 모습이 있다. 맘에 드는 선생님을 만나면 무조건 열공 모드에 빠져든다는 점이다. 중학생 시절, 원래 나는 암기할 거리가 많은 국사 과목을 그다지 좋아하지 않았었다. 그런데 2학년 때 너무나 기품 있고 멋진 선생님이 국사를 가르치시게 된 거다. 그분께 잘 보이려는 일념 하나로 국사 교과서를 달달 외우다시피 했고, 기어이 모든 시험에서 만점을 맞고야 말았다.

　고등학교에 올라가서는 흡사 프랑스 인형처럼 어여쁘고 상냥한 프랑스어 선생님께 한눈에 반해버렸다. 그 어려운 동사 변환과 가래 끓듯이 흐르르 소리를 내야 하는 'r' 발음까지 죽어라 연습했던 이유다. 그러다 급기야 학교 대표로 뽑혀서 전국 고교생들이 실력을 겨루는 프랑스어 경시대회에 나가 수상까지 하게 됐다. 상을 받은 것 자체도 좋았지만, 인솔 교사로 따라가주신 선생님과 온종일 오붓한 시간을 보냈던 게 여전히 행복한 기억으로 남아 있다.

내 인생의 좋은 선생님들을 학교에서만 만난 건 아니었다. 직장에 입사한 이후에도 스승이 되어준 멋진 선배들이 여러 분이다. 그 선배들은 남보다 어린 나이에 사회인이 되는 바람에 부족한 것투성이인 내게 일머리뿐 아니라 삶의 지혜까지 아낌없이 전수해주었다.

신문 기자로 일하던 30대 중반 무렵, 동기들 가운데 나 혼자만 승진에서 누락해 의기소침했던 적이 있다. 기자가 된 뒤 10여 년 만에 맞는 첫 승진 인사라 실망감이 엄청나게 클 수밖에 없었다. 잔뜩 풀 죽어 있던 나를 지금은 고인이 되신 K 부장께서 부르더니 이런 말씀을 해주셨다. "세상 모든 일엔 양면이 있는 거야. 다 좋기만 하고 다 나쁘기만 한 일은 없어. 지금은 인사에서 물먹은 게 많이 속상하겠지만 그것 때문에 좋아지는 점도 분명히 있을 테니 한번 두고 보라고."

경륜에서 우러난 부장의 위로에도 불구하고 철딱서니 없던 나는 도저히 못 믿겠다는 표정을 감추지 못했던 것 같다. 그러자 부장은 내가 알아듣도록 더 세세한 설명을 해주셨다.

"솔직히 너를 잘 알게 되기 전까진 쌀쌀맞아 보이는 인상 때문에 말도 쉽게 붙이기 어렵거든. 그래서 거리감을 느꼈던 사람들이 이번 인사를 보고 먼저 손을 내밀게 될지도 몰라. '쟤는 나와 달리 회사에서 맨날 잘나가는 줄 알았는데 인사에서 깨진 걸 보니 아니었네. 앞으로 쟤랑도 한번 친하게 지내볼까' 이런 생각을 할 수도 있다니까?"

설마 그럴 리 없다고 여겼는데, 놀랍게도 부장 말씀이 머지 않아 현실로 나타나기 시작했다. 그전까지 그리 가깝지 않던 선배들이 밥 먹자, 술 먹자고 앞다퉈 청해온 것이다. 주로 친하게 지내던 몇몇 사람들과 어울리는 편이었던 나는 그 덕분에 사내 인간관계의 폭을 훨씬 넓힐 수 있었다. 미처 잘 알지 못했던 동료들과 두루 교류하게 되자 이후 회사 생활에서 이런저런 도움도 많이 받게 되었다.

신기한 건 그 무렵 내게 처음으로 손을 내밀었던 사람들이 하나같이 K 부장과 판박이 같은 얘기를 했다는 거다. "야, 네가 원래 서울깍쟁이 같아 보여서 다가가기가 되게 어려웠다고. 게다가 옆에 친한 사람들도 많은 것 같아서 굳이 나까지 잘해줄 필요가 있을까 했지. 그런데 이번에 인사에서 혼자 물 먹은 거 보니까 안쓰럽기도 하고 뭐든 도와주고 싶기도 하고 그렇더라."

역시 나보다 경험 많은 선배 말씀은 무조건 경청해야 했던 거다. 처음엔 납득이 가지 않더라도 지나고 보면 세상과 사람에 대한 깊은 이해가 담겨 있음을 깨닫게 되니 말이다. 이후로 비슷한 일을 겪게 되면 늘 K 부장이 해주신 말씀을 떠올리곤 했다. "나쁜 일에도 좋은 점이 있을 수 있다. 그러니 너무 실망하거나 낙담할 필요 없다. 담담히 기다리다 보면 또다시 너의 때가 온다!"

세월이 흘러 내가 선배가 된 뒤에 후배들에게 그 가르침을 그대로 전수하기도 했다. 예전에 안 좋은 일을 겪었을 때 한 선배가 이런 얘기를 해주셨다고, 두고 보니 그 말이 정말 딱 맞더라고.

내가 무척 좋아하는 영화 〈인턴〉(2015년)에도 비슷한 메시지가 담겨 있다. 70대인 퇴직 임원 벤(로버트 드니로)이 시니어 인턴으로 입사한 스타트업에서 30대의 CEO 줄스(앤 해서웨이)를 만나게 된다. 열정이 넘치지만 사회생활에선 여러모로 미숙한 줄스에게 그는 깊은 경륜에서 우러난 조언을 해준다. 처음엔 시큰둥했지만 점차 시간이 흐르면서 벤을 전적으로 믿고 따르게 된 줄스. 자수성가한 CEO답게 홀로 모든 걸 헤쳐 나가는 데 익숙한 그 역시 인생의 풍랑을 먼저 겪어본 지혜로운 스승의 가르침이 꼭 필요했던 거다.

사실 살다 보면 주변에서 벤처럼 좋은 선생님이 돼줄 수 있는 사람들을 심심치 않게 만나게 된다. 중요한 건 그들의 가르침을 적극적으로 받아들일 수 있는 마음가짐이 있느냐 하는 점이다. 줄스 역시 끝까지 심드렁하게 벤을 대했더라면 인간적으로나 사업적으로나 한 단계 더 성장하고 발전할 기회를 놓쳐버렸을지 모른다.

벤처럼 좋은 스승이 돼주셨던 여러 선배들이 얼마 전 내가 33년 만에 회사를 떠나게 됐다는 소식이 알려지자 득달같이 연락을 주셨다. 같은 직장에서 일하는 동안 내게 이것저것 다 퍼주셨던 바로 그분들이다. 지금은 멀리 지방으로 귀농하신 분도 있고 연세가 많아 건강이 그리 좋지 않은 분도 있는데 나를 만나겠다고 다들 기꺼이 힘든 발걸음을 하셨다. 그리곤 먼저 퇴직해 보니 알게 된 점들을 하나라도 더 일러주려고 애를 쓰셨다. 이런 점을 주의하고 저런 점을 신경 써야 한다면서 이제 더 이상 젊지도 않은 후배를 마치 물가에 내놓은 어린애처럼 챙기셨다.

초짜 기자 시절 부장으로 모셨던 J 선배는 마치 신문 기사라도 쓰시듯이 "첫째는…, 그리고 둘째는…" 식으로 일목요연하게 할 얘기를 정리해 오시기까지 했다. 나에게 가르쳐주려고 도대체 준비를 얼마나 많이 하셨나 싶어 울컥한 마음이 들었다. 함께 회사에 다니던 시절에도 나의 모자란 부분을 채워주느라 그토록 열심이시더니 이제 은퇴 이후의 삶까지 걱정해주신다. 이렇게 좋은 선배이자 스승들을 가진 나는 도대체 얼마나 복이 많은 사람인 걸까. 하나같이 진심 어린 조언을 듣다 보니 말씀하신 대로만 실천하면 앞으로도 잘 살 수 있을 것 같다는 자신감을 갖게 됐다. 그게 고마운 그분들께 내가 은혜를 갚는 길이 될 테고 말이다.

은퇴 후의 삶을 잘 사는 방법 중 하나로 내가 선택한 것이 바로 발레를 배우기 시작한 거였다. 내 나이에도 낯선 분야에서 새로운 도전을 하며 활기차게 살 수 있다는 걸 입증하고 싶었다. 누가 봐도 쉽지 않은 도전이지만 1년 가까이 처음의 열정을 유지하며 내가 발레에 매진할 수 있었던 중요한 이유가 있다. 바로 멋진 선생님들을 만난 것이다.

지금 학원에서 나는 두 분의 선생님께 가르침을 받고 있다. 매주 진행되는 수업 중 한 번은 남자 선생님, 두세 번은 여자 선생님(앞선 글에서 J 선생님이라고 호칭한 바로 그분)이 진행하신다. 두 분 모두 교육에 대한 열정이 어찌나 차고 넘치는지 수강생들을 하나하나 진심을 다해 지도해주신다. 일례로 점프할 때마다 땅에서 높이 뛰어오르지 못하는 내게 제대로 된 점프의

맛을 알려주시려고 남자 선생님은 몇 번이나 나를 공중으로 들었다 놨다 했는지 모른다. 그때마다 결코 가볍지 않은 내 몸무게를 감당하느라 선생님 팔에 무리라도 갈까 봐 어찌나 죄송스러웠던지.

J 선생님 역시 나보다 체구가 훨씬 작은 분임에도 불구하고 수업에서 나를 번쩍 들었다 놨다 한 적이 있다. 역시 점프 동작을 배울 때였다. 남자 선생님이 드실 때보다 훨씬 마음의 부담이 커서 내 나름대로 호흡을 들이마시며 가볍게 뛰어보려고 애를 썼다. 그런데 호흡에 신경 쓰다 보니 나도 몰래 엉덩이가 뒤로 빠지는 바람에 내 엉덩이 부위와 선생님 얼굴이 부딪치는 불상사가 벌어졌는데 선생님은 끝까지 나를 놓지 않고 버텨주셨다.

발레 수업에서 내가 마주친 첫 번째 골칫거리였던 통베 파드 부레를 배울 때도 J 선생님의 열성에 깊은 감동을 받았다. 도통 감을 잡지 못하다가 동료 수강생에게 묻고 유튜브도 찾아보며 발 동작은 그런대로 해낼 수 있게 됐다. 하지만 그에 맞춰 움직이는 팔 동작이 마음대로 되지 않았다. 수업에서 계속 틀렸다고 지적을 당했는데 나로선 뭘 어떻게 고쳐야 할지 몰라서 막막하기만 했다. 선생님도 답답하셨는지 며칠간 고민하고 연구한 끝에 드디어 해법을 찾아냈다면서 나만을 위한 맞춤형 지침을 알려주셨다. "앞으로 뻗는 발이 서 있는 다리의 복숭아뼈 부위를 지날 때 팔 모양을 먼저 안 아방으로 만들어놓은 뒤 이 자세 그대로 발보다 앞서 내밀어보세요." 이전의 나는 발이 먼저 나가고 팔이 뒤늦게 쫓아가는 문제를 안고 있었는데 선생님 말씀대로 해보니 단박에 해결이 됐다. 마치 앓던 이가 빠진 듯해서 좋아하며 팔짝팔짝 뛰는 나를 보고 선생님도 환하게 웃으시던 게 기억난다.

이렇게까지 열심히 가르쳐주시는 선생님들의 노고에 부응하고 싶어서 학원에 가지 않는 날에도 하루도 빠짐없이 복습을 한다. 학창 시절에 쓰던 오답 노트처럼 발레 수업에서 배운 동작의 주요 포인트와 그날 잘못했다고 지적받은 사항을 꼼꼼하게 기록한 뒤, 각각의 동작을 몇 번이고 되풀이해서 몸에 익힌다. 물론 연습한다고 곧바로 고쳐지는 기적 같은 일은 일어나지 않는다. 그래도 포기하지 않고 복습을 반복하다 보니 몇 달 만에 안 되던 동작이 되기도 하고 늘 지적받던 대목에서 칭찬을 받는 믿기 힘든 일이 벌어지기도 한다. 아직도 점프는 갈 길이 멀지만 요즘은 선생님들께서 나를 들어 올리는 수고는 더 이상 하지 않아도 된다.

정말 좋은 선생님들을 만난 덕분에 나는 하루하루 최선을 다해서 발레 연습에 몰입하고 있다. 더욱이 선생님께서 첫 수업 때 플리에를 해야 높이 뛸 수 있고 안전하게 착지할 수 있다며 그 의미까지 세세히 가르쳐주신 덕에 집필의 영감을 받았다. 그 말에 치열하게 달려온 나의 지난 삶을 되돌아보게 됐고, 그걸 기록으로 남기고 싶은 마음이 절실해졌다. 선생님들이 발레만 가르쳐주신 게 아니라 인생 2막을 뜻깊게 열어갈 수 있는 계기까지 마련해주신 거다. 아아, 정말 스승의 은혜는 끝이 없다.

영원한 우상
오드리 헵번

○

relevé

(를르베)

무릎을 굽혔다가 바닥을 밀고 올라
발끝으로 서는 동작. 일으켜 세우다,
높이다 등의 뜻을 가진 동사 relever
에서 나온 말.

ℓ

　내 휴대전화 배경 화면은 십수 년째 변함이 없다. 몇
년에 한 번씩 새 기기로 갈아타더라도 어김없이 같은 사진을
다시 찾아내 저장한다. 사진 속 주인공은 바로 시대를 초월
해 추앙받는 배우 오드리 헵번. 날마다 몇 번이고 마주할 수
밖에 없는 전화기 화면에 그를 담아놓은 이유는 단순하다.
내가 세상에서 가장 아름답다고 생각하는 사람이 바로 그이
이기 때문이다.

　처음 그를 접하게 된 건 아마도 10대 소녀 시절, 우연히 TV
에서 본 영화 〈티파니에서 아침을〉(1961년)에서였던 것 같다.
짙은 눈썹에 깊고 그윽한 눈, 미끈한 팔다리와 작은 얼굴이
흡사 요정처럼 느껴졌다. 일명 '헵번스타일'로 알려진 검정
미니 드레스와 진주 목걸이, 커다란 선글라스 차림을 기막히

게 소화한 점도 인상 깊었다. 하지만 그 무엇보다 내 눈을 사로잡았던 건 우아하기 짝이 없는 그의 몸놀림! 팔을 들고 내리거나 발걸음을 내딛는 동작 하나하나, 심지어 기다란 담뱃대를 손가락 사이에 낀 채 들고 서 있는 모습조차 고혹적으로 느껴졌다.

나를 홀려버린 헵번 특유의 매력이 어디에서 비롯된 건지는 2004년에 나온 책 한 권을 만나면서 비로소 깨닫게 됐다. 비결은 다름 아닌 발레였다. 그는 어린 시절 기숙학교에 다닐 때부터 발레 수업을 받았고, 배우가 되기 전까지 발레리나로 활동했을 만큼 재능이 뛰어났다고 한다. 영화 〈퍼니 페이스〉(1957년)에서 몸에 딱 달라붙는 검은색 스웨터와 바지 차림에 흰 양말과 모카신을 신고 술집에서 신들린 듯 춤추던 모습이 그 덕에 탄생할 수 있었다. 이 장면을 소화하기 위해 헵번은 안무가에게 다시 발레 수업을 받으며 리허설을 수없이 거듭했단다. 어린 무용수 노라 역을 맡았던 〈비밀의 사람들〉(1952년)이나 무도회 장면이 인상적인 〈전쟁과 평화〉(1956년) 등 그의 춤 실력을 엿볼 수 있는 작품은 이 밖에도 여럿이다.

당시 내가 읽은 책 『오드리 헵번의 발레 스트레칭』을 쓴 우다 나기사는 발레리나 출신의 일본인 배우 겸 강사다. 그는 책 속에서 '발레를 통해 곧고 아름다운 동작, 적절한 매너를 익히면 누구나 헵번을 닮아갈 수 있다'는 그야말로 귀가 솔 깃한 주장을 펼쳤다. 그러면서 일상에서 실천할 수 있는 다양한 동작들을 소개했는데 헵번을 흠모해온 나로선 시도해 보지 않을 이유가 하나도 없었다. 책에서 시키는 대로만 하면 내 우상과 닮은 꼴이 될 수 있다는데 그야말로 밑져야 본전 아닌가.

그래서 짬짬이 따라 했던 동작 중엔 지금까지도 몸에 배어 버려 습관이 된 것들이 몇몇 있다. 치마를 입고 차에서 타고 내릴 때 자세가 그렇다. 탈 때는 엉덩이를 차 안으로 먼저 들이민 뒤 두 다리를 모아서 몸을 옆으로 틀며 한 번에 안으로 쏙 집어넣고, 반대로 내릴 때는 몸을 틀어 두 다리부터 땅에 디딘 뒤 엉덩이를 일으키라는 거다. 그래야 숙녀답고 우아해 보인다나. 처음엔 영 어색하고 불편했지만 자꾸 하니 차차 익숙해졌다. 특히 폭이 좁고 짧은 치마를 입을 때 이렇게 하면 치마가 너무 위쪽으로 기어 올라가 민망해지는 상황을 피할 수 있기도 하다.

매력적인 각선미를 위한 동작도 빼놓을 수 없다. 엘리베이터를 기다리는 자투리 시간에 넋 놓고 있지 말고 두 발의 발끝이 바깥쪽을 향하게 나란히 한 뒤 뒤꿈치를 들어 올린 채 꼿꼿이 서서 버티는 것이다. 굽 높은 구두를 신었을 때는 하기 힘들고 주위에 보는 눈이 많다면 좀 남부끄러울 수 있기는 하다. 그래도 헵번 닮은 꼴로 거듭난다는데 그 정도는 감수해야지 싶어서 기회가 날 때마다 뒤꿈치를 슬쩍 들곤 했다. 당시엔 도대체 이 동작이 발레랑 무슨 상관이 있는지 의아했는데, 발레를 배우기 시작한 뒤에야 비로소 알게 됐다. 내가 엘리베이터 앞에서 노상 하던 발끝 서기가 바로 를르베(relevé)라는 걸 말이다.

발레를 배운다고 하면 가장 많이 듣는 질문 중 하나가 이거다. "그럼 너도 발끝으로 서 있을 수 있어?" 아마 발레라고 하면 떠오르는 대표적인 이미지가 그 모습인가 보다. 이 동작이 를르베인데, 어쩌다 보니 발레를 배우기 훨씬 오래전부터 예행연습까지 해본 셈이다. 하지만 다른 모든 동작과 마찬가지로 이 역시 제대로 하기는 결코 쉽지 않다. 발 모양만 해도 엄지 쪽 혹은 새끼발가락 쪽으로 힘이 쏠리면 안 되고 발가락 다섯 개에 골고루 힘이 분산되도록 신경 써야 한다. 그 상태에서 발등을 바깥쪽으로 밀며 까치발을 서면 되는데 처음 하는 사람들은 이내 몸이 부들부들 떨리기 마련이다. 그럴 땐 엉덩이와 허벅지가 만나는 부분의 근육에 힘을 빡 주면 훨씬 안정감 있게 서 있을 수 있다.

를르베를 할 때 발끝으로만 서 있는 게 꽤 힘들어 발가락과 붙어 있는 발바닥 부분을 은근슬쩍 땅에 내려놓는 꼼수를 부리는 날도 있다. 그럼 어김없이 선생님의 무시무시한 경고가 날아온다. "발바닥을 사용하면 종아리 근육에 무리가 가고 다리도 굵어집니다. 여러분 혹시 굵은 종아리를 원하십니까?" 그 소리에 다들 고개를 절레절레 흔들며 젖 먹던 힘까지 끌어모아 다시 발끝으로 선다.

예전에 발레의 부작용 중 하나로 종아리가 굵어진다는 얘기를 들은 적이 있는데, 아마 를르베를 정확하게 하지 않은 사람들이 퍼뜨린 모양이다. 암튼 발레를 시작한 이후로 아직까지 종아리가 더 굵어진 것 같지는 않으니 아마 정신 번쩍 들게 하는 선생님의 주의 덕분에 발끝 서기는 제대로 하고 있나 보다.

헵번을 닮고 싶다는 열망으로 엘리베이터 앞에서 발끝으로 선 지 무려 20년 만에 내가 발레 학원에 등록해 를르베를 정식으로 배우게 되다니 감격스럽기 짝이 없다. 물론 죽었다가 다시 태어나지 않는 이상 그의 매력적인 눈매, 비율 좋고 균형 잡힌 몸매를 갖게 되는 건 불가능한 일이다. 하지만 이제라도 꾸준히 발레를 연마하다 보면 더없이 우아한 헵번의 자태와 아주 조금이라도 비슷해지지 않을까 하는 실낱같은

희망까지 포기할 순 없다.

솔직히 90분 이상 진행되는 발레 수업을 소화하다 보면 숨이 턱까지 차오르고 허벅지와 종아리가 터질 것처럼 아픈 날도 있다. 그럼에도 노력을 기울이는 만큼 거울 속의 내 모습이 서서히 달라지는 걸 마주하면서 나의 오랜 꿈을 실현하기 위해 더욱더 열심을 내게 된다.

사실 내가 너무나 닮고 싶어 하는 헵번의 모습은 발레로 다져진 겉모습이 전부는 아니다. 헵번은 외양보다도 내면이 훨씬 더 아름다운 사람이다. 발레리나 출신의 배우로 인생의 전반을 살았던 헵번은 은퇴 이후 후반기엔 유니세프 친선 대사로 세계 곳곳의 고통받는 어린이들을 대변하는 일에 열정을 쏟았다. 아프리카·아시아·남아메리카 등지의 가난한 마을들을 구석구석 누비면서 필요한 도움을 주려고 애썼다. 특히 죽음을 눈앞에 둔 1992년, 암 투병 중인 상태에서도 소말리아 오지를 찾아가 봉사 활동을 펼친 일은 많은 사람들에게 깊은 울림을 남겼다. 그리곤 이듬해, 결국 암을 이기지 못한 채 63세의 나이로 숨을 거두었다.

생전에 헵번은 이런 얘기를 한 적이 있다. "내가 가장 많이 받는 질문은 당신이 유니세프에서 하는 일이 정말로 무엇이냐는 것입니다. 지구에서 살아가는 아이들의 문제를 완전히 이해하기 위해서는 교육·경제·정치·종교, 전통과 문화의 전문가가 되는 편이 좋을지도 모릅니다. 이 중 어떤 것도 아니지만 나는 바로 어머니입니다." 배우라는 직업에 대한 편견에 사로잡혀 그의 활동에 딴지를 걸던 사람들이 이 말을 듣고 얼마나 머쓱했을까?

일설에 따르면 어린 시절에 나치 치하에서 외가 식구들과 함께 극심한 식량 부족에 시달렸던 경험이 아동 인권 운동에 헌신하게 된 계기였다고 한다. 자신도 한때 전쟁 난민이었던 만큼 같은 처지에 놓인 어린이들의 고통을 외면할 수 없었다는 거다.

그가 스위스 로잔 근처의 묘지에 묻히던 날, 유엔 난민 고등판무관을 지낸 아가 칸(Aga Khan)이 읽은 고별사가 헵번의 진정성 어린 행보를 잘 보여준다. "테이블에 앉아 탁상공론만 하는 다른 외교관들과 달리 그는 구체적인 행동을 하려고 했습니다. 그가 이룩한 것보다 더 많은 업적을 성취했다고 할 수 있는 사람이 몇이나 되겠습니까. (중략) 그는 위험한 장소에서 위험한 싸움을 벌여야 했습니다. 그는 언제나 모든 것에 기꺼이 자신을 바칠 준비가 되어 있었습니다."

감히 헵번에 비할 수는 없지만, 나 역시 오래전부터 어려운 어린이들을 돕는 데 관심을 기울여왔다. 어린 시절 같은 국민학교에 다니던 친구가 엄마 아빠 없이 고아원에서 지낸다는 걸 우연히 알게 된 게 계기였다. 돈을 모아 선물을 사서 해마다 성탄절이면 학교 인근 고아원에 찾아가 그곳 친구들과 함께 시간을 보냈다. 취직해서 월급을 받기 시작한 이후론 국내 소외계층 아이들과 제3세계 어린이들을 돕는 단체에 꾸준하게 정기 기부를 하고 있다.

언젠가 한 지인에게 "우리나라 소외 아동들에 대한 후원도 충분치 않은데 왜 외국 아이들까지 챙기느냐"는 지청구를 들었다. 그때 내 대답은 대략 이랬다. 지구는 사실상 하나다. 아프리카 사하라 사막 이남의 오지 마을에 사는 아이가 행복하지 않으면 대한민국 서울에 사는 내 딸까지 불행해질 수 있다. 그런 이기적인 계산속에서라도 어려운 나라 아이들을 도와주지 않으면 안 된다. 갈수록 기승을 부리는 테러와 기후변화, 전염병 사태만 봐도 알 수 있지 않나.

이런 논리에 상대가 설득당했는지는 잘 모르겠다. 아무튼 내 기부에 그런 이기적인 이유도 담겨 있는 게 사실이긴 하다. 거기다 매달 내 월급 통장에서 빠져나가는 몇 만 원의 돈으로 아프리카의 한 소녀를 학교에 보내고, 좋은 선생님이 되려는 꿈을 이뤄줄 수도 있다는 생각이 늘 나를 신바람 나게 만들었다. 밥벌이의 지겨움마저 잊게 만드는 벅찬 기쁨이 10년, 20년간 여러 아이들을 지속적으로 후원하는 원동력이 됐다. 다만 아쉬움이 있다면 직장 다니랴, 아이 키우랴, 집안 살림 챙기랴, 눈코 뜰 새 없이 바쁜 워킹맘으로 살아오다 보니 얼마 안 되는 돈을 달랑 보내는 걸로 끝이었다는 점이다.

그래서 시간이 흘러 딸아이가 장성해 독립하고, 나도 직장에 더 이상 매여 있지 않은 상황이 되면 시간과 에너지를 쏟아붓는 봉사도 하고 싶다는 꿈을 고이 간직해두었던 터였다. 그렇게 오랫동안 품어온 생각을 실현할 수 있는 시기가 차츰 눈앞에 다가오면서 요즘 마음이 좀 분주해지기 시작했다. 아직 구체적인 계획을 세우지는 못했지만 언제 무엇을 어떻게 하게 되든 헵번에게서 배운 원칙만은 꼭 지켜나가고 싶다. 말보다는 행동이 중요하다는 것, 그리고 현장에서 진짜로 필요로 하는 도움을 주어야 한다는 점 말이다.

지금 내가 이 글을 쓰고 있는 우리 집 서재 책장 한편에는 헵번의 사진을 한데 모아 놓은 공간이 있다. 그중엔 젊고 아름다운 시절의 사진들과 대비를 이루는 노년의 사진이 한 장 있다. 주름 가득한 얼굴로 인자하게 미소 짓는 그 모습에서 힘없는 아이들을 위해 자신을 헌신하던 그의 선한 아우라가

물씬 느껴진다. 그 사진을 볼 때마다 속으로 말을 걸곤 한다. 나도 당신을 닮고 싶다고, 겉모습보다 내면이 더 아름다운 사람이 되고 싶다고. 그래서 하루하루 발레 동작을 연마하는 것처럼 봉사라는 또 다른 꿈을 이루기 위한 시간표도 차근차근 채워 나가보려고 한다. 내 영원한 우상의 발뒤꿈치라도 따라가기 위해서!

뒷모습이
더 아름다운
존재이길

○

épaulé

(에폴레)

관객과 사선 방향으로 서서 팔을
앞으로 뻗고 다리는 뒤로 뻗는다.
어깨와 등, 뒷목선을 관객들에게
보여주는 자세.

ℓ

얼마 전 결혼을 코앞에 둔 후배 K가 청첩장을 들고 인
사하러 찾아왔다. 그런데 곧 면사포를 쓰고 새 신부가 될 사
람 치곤 표정이 너무 어두운 데다 눈까지 퉁퉁 부어 있는 게
아닌가. "예식 준비하는 게 많이 힘드냐"고 물었더니 K는 마
치 기다렸다는 듯 가슴속에 담아둔 고민을 속사포처럼 쏟아
냈다. 결혼식을 앞두고 신랑감과의 갈등으로 속을 끓이고 있
다고 했다. '결혼식을 이대로 그냥 진행하는 게 맞나'라는 생
각이 들 정도로 장차 남편이 될 남자친구가 아예 딴 사람처
럼 변해버렸다는 것이다.

아, K도 '혼전 환멸'의 시기를 통과하고 있구나 하는 생각
이 들었다. 비슷한 고민 상담을 이전에도 다른 후배들에게 여
러 번 해준 적이 있어서 어떤 상황인지 알 수 있을 것 같았다.

그래서 "연애와 결혼은 완전히 다르다"는 얘기부터 해주었다. 결혼한 뒤에도 연애 시절과 똑같은 모습을 보이는 남자는 거의 없다고, 결코 K의 남자친구만 그런 게 아니라고 일러줬다. 결혼식이 코앞에 닥친 만큼 그는 이미 결혼 모드로 접어들었을 테고, 그러다 보니 '꽁냥꽁냥' 연애할 때에 비해 매우 현실적이고 냉정한 모습을 보이게 됐을 거라 했다.

"어, 선배 어떻게 아셨어요? 맞아요. 갑자기 엄청 현실적이고 엄청 냉정한 사람이 돼버렸어요. 그새 사랑이 식어버린 것 같아서 너무 서운해요." K의 하소연을 들으니 내 짐작이 맞는 듯했다. "아마 지금 네가 보고 있는 모습이 결혼 생활 내내 '디폴트(기본 설정)'가 될 거야. 그러니까 네가 결혼을 결심하게 만든 그의 많은 장점들이 그걸 상쇄하고도 남는지 한번 잘 생각해봐. 만약 그렇다고 판단된다면 지금 네가 할 일은 실망하는 게 아니야. 현실적이고 냉정한 그의 모습을 있는 그대로 받아들이도록 노력해야 하는 거지."

이어서 내가 생각하는 혼전 환멸에 대한 얘기도 들려주었다. "연애를 지나 결혼으로 가는 과도기엔 누구나 환멸을 겪기 마련이야. 환상이 깨지는 것, 그게 바로 환멸(幻滅)인 거잖아. 어쩌면 그동안 두 사람은 서로에게서 자기가 보고 싶은 모습, 즉 환상을 보고 있었을지도 몰라. 그런데 결혼을 앞두고 환상이 사라지면서 비로소 현실을 마주하게 된 거지. 이런 환멸의 경험은 누구에게나 괴로울 수밖에 없어. 지금 오로지 너만 힘든 것 같니? 아마 네 남자친구도 예전과 달라진 네 모습 때문에 꽤나 어려움을 겪고 있을걸?" K는 안 그래도 남자친구가 날마다 "너 요새 도대체 왜 그러느냐"며 답답해한다고 했다.

그래서 지금 가장 필요한 건 두 사람이 이 환멸의 시간을 슬기롭게 통과하는 것이라고, 그러니 예식 준비로 아무리 바쁘더라도 잠시 짬을 내서 마주앉는 시간을 가져보라고 권했다. 무엇 때문에 힘들고 괴로운지 솔직하게 마음을 털어놓으며 서로의 이야기에 귀를 기울여보라고 말이다. 내 말을 듣고 돌아간 이후 K는 남자친구와 술잔을 앞에 놓고 밤늦도록 진솔한 대화를 나눴다고 한다. 그 덕분일까? 얼마 뒤 결혼식장에서 햇살처럼 환하게 웃으며 세상에서 제일 예쁜 신부가 되어 있는 K의 모습을 마주할 수 있었다.

직장생활 내내 K처럼 이런저런 문제를 들고 나를 찾아오는 후배들이 끊이지 않았다. 직장 내 갈등이나 진로에 대한 고민처럼 회사 생활과 관련된 문제를 제일 많이 꺼내놨지만, 더러는 K같이 아주 사적인 일까지 털어놓는 이들도 있었다.

나이 탓일까? 딸 같기도 하고 한참 어린 막냇동생 같기도 한 후배들을 보면 너무 귀엽고 예뻐서 나도 모르게 입꼬리가 절로 올라간다. 그렇게 어여쁜 후배들이 힘든 일이 있다는데 도와주지 않을 도리가 있겠나. 다행히 특출나지는 않아도 33년간 언론 현장에 몸담았던 경력, 그리고 55년간 누구보다 치열하게 살아온 이력이 그럭저럭 쓸 만한 조언을 해줄 수 있는 밑거름이 돼주었던 것 같다.

예전에 어떤 선배가 말하길 젊은 군인들을 보고 귀엽다는 생각이 들기 시작하면 이미 늙은 거라고 했다. 또 다른 선배는 대학 캠퍼스를 지나다니는 여학생들이 죄다 예뻐 보이는 걸 느끼며 자기가 늙은 줄을 깨우쳤다고 한다. 그 기준에 따르자면 나는 확실히 나이 든 게 틀림없다. 회사 후배들이 마냥 귀엽고 예쁘게 느껴졌던 것처럼 요즘 발레 학원에서 만나는 젊은 친구들 역시 마찬가지이니 말이다.

우리 학원 수강생들 가운데 외모가 출중한 이들이 많기도 하지만 내 눈엔 정말 누구 하나 빠짐없이 매력적으로 비친다. 이 친구는 웃을 때 반달이 되는 눈 모양이 너무 사랑스럽고, 저 친구는 순수하고 꾸밈없는 모습 때문에 마음이 끌린다. 그래서 이 발레 친구들을 위해서도 뭐든 해주고 싶다. 다만 언론계에서와 달리 발레의 세계에서 나는 여전히 초보 신세라

마음과 달리 도울 수 있는 게 그리 많지 않기는 하다.

그래도 나처럼 발레를 난생처음 배우기 시작하는 친구들에겐 용기 내서 도움말을 건넨다. 학원에 등록하고 첫 한두 달 동안 모르는 게 너무 많아 힘들었을 때, 나보다 조금이라도 잘하는 수강생들에게 묻고 배운 게 큰 힘이 됐기 때문이다. 물론 아직은 내가 누굴 가르칠 실력은 결코 안 되지만 먼저 겪어본 사람으로서 "나는 이렇게 하니 좀 나아지더라" 정도의 팁은 알려줄 수 있다.

얼마 전 우리 반에서 내가 특히 예뻐하는 Y가 에폴레(épaulé) 때문에 끙끙대는 걸 보고 살짝 귓속말을 했다. "좀 이따가 수업 끝나고 내가 해법을 알려줄게." 나 역시 그 친구와 똑같은 문제로 선생님께 여러 차례 지적을 받다가 발레 친구 K의 도움으로 겨우 해결한 경험이 있는 터라 도저히 모른 척할 수가 없었다. 나와 Y가 공통적으로 보인 문제는 에폴레를 할 때 뒤로 뻗는 팔 쪽의 어깨가 자꾸 위로 보기 싫게 치솟는 것이었다. J 선생님이 종종 "경찰에 체포당해 끌려가는 범인 같다"고 비유하는 잘못된 자세다. 혼자서는 이리저리해봐도 고치질 못했는데 몸통 옆쪽에 힘을 빡 주면서 가슴을 앞으로 내밀어보라는 K의 조언을 듣고 그대로 해봤더니 신기하게도 어깨가 쑥 내려갔다. Y에게도 내가 배운 이 요령을 알려줬더니 금세 '체포당하는' 모양새를 벗어났다. "와, 이렇게 하니까 금방 해결되네요." 좋아라 하며 싱글벙글 웃는 그의 얼굴을 보니 마치 내 일처럼 마냥 기뻤다.

예전에 『태촌집』이라는 책에 실린 늙은 쥐 이야기를 읽은 적이 있다. 옛날에 먹을 걸 훔치는 일을 귀신같이 잘하는 늙은 쥐가 있었단다. 기력이 떨어져서 직접 나다닐 수 없게 되자 젊은 쥐들이 그에게 배운 수법으로 식량을 훔쳐 와 나눠주곤 했다. 하지만 얼마 지나 이제 배울 만큼 배웠다고 여긴 젊은 쥐들이 그에게 더 이상 먹을 것을 갖다주지 않게 됐다.

그러던 어느 날, 아낙네가 밥 지은 솥의 뚜껑을 돌로 눌러 놓은 채 외출했는데 쥐들이 갖은 꾀를 다 부려봐도 도무지 훔칠 방도를 찾을 수가 없었다. 그제야 늙은 쥐를 찾아가 방법을 물었지만 화가 난 그는 가르쳐주려 하지 않았다. 쥐들이 잘못했다고 싹싹 빌고 나서야 늙은 쥐는 이렇게 일러주었다. "솥에는 발이 세 개 있다. 그중 하나가 놓인 곳의 바닥을 조금만 파면 솥이 기울어져서 저절로 뚜껑이 열릴 것이다." 시키는 대로 해보니 과연 솥뚜껑이 열렸고, 배부르게 먹은 쥐들이 남은 걸 싸 와서 늙은 쥐에게 바쳤다고 한다.

책 속 해설을 보니 이 이야기엔 '나이 든 이들에겐 배울 게

있기 마련이니 공경하는 마음을 갖고 그들의 말에 귀를 기울
이라'는 교훈이 담겨 있다고 쓰여 있었다. 백 번 맞는 소리다.
흔히 '어른이 실종된 시대'라고들 하는데 제대로 된 어른 노
릇을 하는 사람이 없는 것도 문제지만, 어른을 대접해주지 않
는 세태 탓도 크니 말이다.

　그런데 나는 이 이야기를 읽으면서 과연 내가 젊은 쥐들에
게 솥뚜껑 여는 법을 알려줄 수 있을 만큼 현명한 늙은 쥐가
될 수 있는지부터 걱정했던 기억이 난다. 나이를 먹는다고 자
동으로 삶의 지혜가 쌓이는 건 아니기 때문이다. 다행히 주변
의 후배들이 꼰대 잔소리라며 고깝게 여기지 않고 계속해서
내 얘기를 들어주는 걸 보면 아직까지는 나에게 배워갈 만한
'밥 훔치는 법'이 남아 있는 모양이다. 늙은 쥐인 내 입장에선
굳이 먹을 걸 나눠주지 않아도 좋으니 젊은 쥐들이 찾아와서
같이 시간을 보내주기만 해도 대환영이다.

　요즘은 내가 가르치기는커녕 젊은 친구들에게 배운다고
느끼는 때가 많다. 발레뿐 아니라 새롭게 시작한 인스타그램
만 해도 그렇다. 내가 올린 게시물을 보고 후배 J가 따끔한
가르침을 준 적이 있다. 평소 띄어쓰기 강박증이 있는 내가
해시태그를 단 문구 역시 어김없이 맞춤법대로 띄어 썼더니
"선배 해시태그는 그렇게 하는 거 아니에요"라며 카톡을 보

내온 것이다. 인스타그램 해시태그는 다 붙여 써야 한다면서 그래야 검색에 걸린다고 했다. 와, 정말 내가 전혀 알지 못했던 딴 세상 이야기였다. 같은 소셜 미디어라도 인스타그램은 페이스북과 여러모로 다르다는 걸 젊은이들을 통해 비로소 깨우치게 되었다.

겸임 교수로 일하고 있는 대학에서도 비슷한 체험을 했다. 첫 학기에 미디어 콘텐츠를 비판적으로 이해하고 활용하는 법을 알려주는 '미디어 리터러시(Media Literacy)'란 과목을 맡아 가르치게 됐다. 수업에서 미디어와 한시도 떨어져 살지 못하는 시대라지만 미디어에 대한 이해력이나 활용 능력은 사람마다 격차가 크다면서 인스타그램과 관련된 내 창피한 경험담을 사례로 들었다. 미디어 현장에서 잔뼈가 굵은 교수가 자기들은 능수능란하게 쓰는 인스타그램에 서툴다고 실토하니 학생들은 매우 재미있어하는 눈치였다. 그래서 내친김에 한마디 덧붙였다. "앞으로 진행될 수업에서 교수인 나만 가르침을 주는 게 아니라 함께 토론하면서 나도 학생 여러분에게서 많이 배우고 싶어요."

〈차이나는 클라스〉라는 국내 첫 소통형 강연 프로그램을 기획·제작한 사람이 교수가 됐으니 마땅히 그래야 한다고 생각했다. 교수 혼자 떠들고 학생들은 듣기만 하는 수업 대신 질문과 대답 그리고 토론이 살아 숨 쉬는, 말 그대로 차이 나는 클래스를 만들고 싶었다. 그래서 학생들 얘기를 가능한 한 많이 들으려고 해봤는데 초반엔 질문을 던져도 다들 좀 머뭇거리는 분위기였다. 하지만 점차 시간이 지나자 활발하게 자기 의견을 밝히는 학생들이 나왔고, 개 중엔 내가 미처 몰랐던 트렌드나 해법을 알려주는 경우도 있었다. 예컨대 인스타그램 피드에 자꾸 뜨는 광고를 안 볼 수 있는 방법 같은 것 말이다. 그럼 난 매번 반색하며 인사를 했다. "덕분에 새로운 걸 배웠네요. 고마워요."

시대가 달라진 만큼 선배도 얼마든지 후배들한테 배울 수 있다고 생각한다. 교수가 학생들에게서 배우는 것 역시 당연히 좋은 일이다. 나는 앞으로도 일터에서 또 발레 학원에서 젊은이들과 계속해서 지식과 경험을 주고받으며 함께 성장해 나가고 싶다. 그러기 위해 옛이야기의 늙은 쥐처럼 오래오래 지혜를 나눠줄 수 있는 어른이 되도록 끊임없이 노력할 것이다. 그러니 젊은 친구들, 부디 나랑 많이 놀아주기를!

바비도 켄도
소외되지 않는 세상

○
tutu

(튀튀)

19세기 낭만주의 발레 시기엔 종아리가
보일 정도의 길이에 겹겹의 망사로
환상적인 분위기를 내는 로맨틱 튀튀
(romantic tutu)가 등장했다. 이후 발레리나
들이 입는 치마 길이는 점점 짧아져서
고전주의 발레 작품에선 다리 전체의 선을
보여주는 클래식 튀튀(classic tutu)를 입
게 됐다.

ℓ

　발레 학원에 다닌다고 하면 "혹시 수강생 중에 남자도 있느냐?"는 질문을 받곤 한다. "몇 안 되긴 하지만 있긴 있다"고 답하면 대부분 의외라는 반응을 보인다. 거기다 "남자 선생님도 계신다"는 말까지 덧붙이면 다들 입을 쩍 벌리고 놀라워한다. 그만큼 '발레=여성들이 추는 춤'이라는 고정관념이 뿌리 깊다.

　그런데 발레의 역사를 살펴보면 원래 발레는 남자들의 전유물이었다. 15세기에 이탈리아에서 시작돼 16세기에 프랑스로 건너간 발레는 주로 왕과 귀족들이 즐기는 상류층 문화로 자리 잡았다. 이 시기 가장 유명한 무용수가 바로 루이 14세. 1653년 개최된 〈밤의 발레(Ballet de la Nuit)〉라는 공연에서 태양신 아폴로 역할로 출연해 자신을 중심으로 우주와 세계가 회전한다는 내용의 연기를 펼쳤다고 한다. '태양왕'이라는 루이 14세의 유명한 별명이 그 바람에 생겨났다. 이후 전문적인 남자 무용수, 즉 발레리노들이 등장하며 왕과 귀족들이 직접 공연에 나서는 관행은 사라져갔지만 무대에는 여전히 여성들이 설 자리가 없었다.

처음으로 여자 무용수가 등장한 작품은 1681년에 공연된 〈사랑의 승리(Le Triomphe de l'Amour)〉였다. 하지만 한동안은 남자 무용수들의 들러리 역할에 머물러야 했다. 여성의 노출을 금기시하는 시대이다 보니 바닥까지 끌리는 치마를 입어야 해서 제대로 된 발레 테크닉을 보여줄 수 없었기 때문이다.

이런 불문율을 깬 것이 마리 카마르고(Marie Camargo)라는 불세출의 발레리나다. 그가 1726년 발목 위까지만 내려오는 치마를 입고 화려한 점프 기술을 보여준 걸 계기로 발레 공연에서 여성 무용수들의 역할이 비약적으로 늘어났다고 한다. 이후 19세기 전반에 탄생한 낭만주의 발레 작품들을 통해 하늘하늘 요정처럼 춤추는 발레리나들의 전성기가 활짝 열렸고, 상대적으로 발레리노들의 비중은 줄어들기 시작했다.

이처럼 발레의 세계에서 여성 무용수들이 전면에 등장하며 남성들이 소외되기 시작했다는 역사를 접하면서 왠지 기묘하고도 씁쓸한 기분이 들었다. 우리가 살고 있는 세상과는 완전히 반대되는 얘기라서다. 이제 더 이상 금녀(禁女)의 영역은 찾아보기 힘들어졌다지만, 소수의 여성들이 부수적인 역할을 벗어나려고 고군분투해야 하는 분야는 여전히 많다. 특히 고위직으로 올라갈수록 남성 위주인 조직이 대부분이고, 여자들은 구색을 맞추는 정도에 머무르는 게 현실이다.

내가 지난 33년 동안 몸담았던 신문·방송업계도 크게 다르지 않다. 수년 전부터는 신입 기자나 PD들의 남녀 성비가 역전될 정도로 여성들의 비중이 크게 증가하긴 했다. 이렇게 숫자 자체가 많아지니 과거엔 여자들을 기피하던 부서로도 차츰차츰 여성 인력의 진출이 늘어나는 추세다.

그러나 회사별로 부장·국장·본부장 등 간부 현황을 살펴보면 아직도 갈 길이 한참 멀다는 생각이 든다. 더욱이 임원자리에 오르는 여성 기자나 PD는 희귀한 수준이다. 앞으로 10년, 20년이 흐르고 나면 어떻게 될지는 잘 모르겠다. 지금의 추세라면 조직의 대다수를 여자들이 차지하게 될 테니 그들을 빼놓고 간부와 임원을 고르는 게 쉽지 않을 것 같긴 하다.

이 같은 언론계 현실은 그나마 내가 처음 신문사에 입사했던 1990년에 비해선 상황이 월등히 나아진 것이다. 입사 초기에 나와 동료들이 근무하던 편집국은 건물의 한 개 층을 다튼 거대한 공간에 자리 잡고 있었다. 거기엔 한 가지 없는 게 있었는데 바로 여자 화장실이다. 그 층에서 일하던 200명 안 팎의 기자들 중 여기자는 신입으로 합류한 나까지 딱 10명. 부서마다 서무 역할을 맡은 여직원들이 있긴 했지만 그들 숫자를 합해도 여성 비중은 극히 작았다. 그 층에 편집국을 처음 꾸릴 때는 여성 근무자가 아예 없어서 그랬던 건지 화장실이 없는 정확한 사정은 알지 못한다. 아무튼 그로부터 몇 년 뒤에 여자 화장실이 만들어지기 전까지 나를 포함한 여성들은 위층이나 아래층으로 멀리 볼일을 보러 다녀야 했던 기억이 난다.

그런가 하면 수습 시절에 각 부서를 돌며 교육을 받을 때는 이런 일도 있었다. 한 부서에 배치됐는데 당연히 여기자는 나 하나뿐이었다. 출근 첫날 부장께서 자리에 앉아 있던 나를 큰 소리로 부르셨다. "미스 신~ 이리 좀 와보지!" 그때 내가 미혼이었으니 '미스'라는 호칭이 문법상 잘못된 것은 아니었지만 적잖이 당황스러웠다. 나머지 남자 기자들은 'ㅇㅇㅇ 씨'라고 불렀기 때문이다.

그 부장의 입장이 전혀 이해가 가지 않은 건 아니었다. 내가 등장하기 전까지는 20대인 여자 후배와 일해본 경험이 전혀 없어 도대체 뭐라고 불러야 할지 고민스러웠을 수 있다.

그래서 평소 여자 서무 직원을 부르던 익숙한 호칭을 그대로 써본 게 아닐까? 지켜보니 부장은 40대 이상인 여기자 선배들에게는 '○○○ 여사'라고 나름대로 존칭을 쓰는데 이 역시 이상하긴 마찬가지였다. 그때나 지금이나 신문사에선 나이와 상관없이 후배는 선배한테 '○○○ 선배', 선배는 후배한테 '○○○ 씨'라고 부르는 게 일반적이기 때문이다.

여하간 나는 이후로 쭉 '미스 신'이라고 불리고 싶은 마음이 전혀 없었기에 이렇게 말씀드렸다. "부장, 제 이름은 미스 신이 아니라 신예리입니다. 앞으로는 저를 부르실 때 '신예리 씨'라고 해주시면 감사하겠습니다." 그리곤 씩씩하게 내 자리로 돌아왔는데, 내가 주문한 호칭이 영 어색한지 그 뒤로 오랫동안 부장은 나를 아예 부르지조차 않았다.

얼마 전 〈무빙〉이란 드라마에 내 경험과 완전히 판박이인 장면이 등장하길래 흥미롭게 봤다. 한효주 배우가 연기한 국정원 직원 이미연이 사무실에서 일하다 겪은 일이다. 상사가 그를 '미스 리'라고 부르자 그가 "이미연 씨 또는 이 주사(공무원 직급)라고 불러달라"고 청한다. 하지만 상사는 이를 묵살하고 끝까지 '미스 리'라는 호칭을 고집한다. 이 드라마의 시대적 배경이 1990년대 중반이었으니 충분히 그럴 만하다 싶었다.

요즘 청년들이 들으면 무슨 호랑이 담배 피우던 시절 얘기냐 하겠지만 불과 30여 년 전의 일이다. 당시 함께 입사한 신문 기자 동기들 가운데 유일한 여자였던 나는 이후 신문사의 꽃으로 불리는 논설위원실에서도 홍일점 위원이었다. 방송으로 옮긴 뒤에도 보도국에서 단 한 명뿐인 여성 부장이었고, 이후 국장을 거쳐 임원급 본부장이 됐을 때도 역시 회사 내 유일한 여성 임원이었다.

이렇게 오랜 세월 남자들이 주류인 조직에서 소수 혹은 오로지 하나뿐인 여자로 일해왔던 건 쉬운 일은 아니었다. 화장실이나 호칭 문제는 사실 빙산의 일각에 불과할 뿐. 일상 속에서 나의 일거수일투족이 '여성 대표'라는 잣대로 평가받는 듯한 부담감을 오롯이 견뎌내야 했다. 혹시라도 내가 실수를 하거나 잘못을 저지를 경우 나 개인이 아니라 여자들 전체가 싸잡아 비난받을까 봐 전전긍긍할 수밖에 없었다.

시간이 흐르며 그런 생각에서 차차 벗어나기 시작했다. 회사가 나를 부장·국장·본부장(임원)으로 발령 낸 이유가 단지 '여자라서'는 아닐 테니 말이다. 그보다는 오히려 '여자인데도 불구하고' 시킨 쪽에 가까울 터다. 내가 해온 일의 성과와 내가 지닌 자질을 보고 낸 인사라면 그 기대에 부응하도록 최선을 다하기만 하면 된다고 여기게 됐다. 그러면서도 '여자가

나 하나가 아니라 둘만 되었어도 어깨가 훨씬 가벼울 텐데…'
라는 아쉬움을 떨칠 수는 없었다.

얼마 전 화제의 영화 〈바비(Barbie)〉를 보면서도 그야말로
만감이 교차했다. 인형 바비들이 주도권을 쥐고 있는 '바비
랜드'에 살던 주인공 바비와 남자친구 켄. 그 둘이 어쩌다 인
간들이 사는 현실 세계를 방문한 뒤 두 세계가 180도로 다르
다는 걸 깨닫고 커다란 변화를 겪게 된다는 게 이 영화의 줄
거리다.

금발의 9등신 몸매를 지닌 기존의 바비 인형이 왜곡된 여
성상을 전파한다는 비판이 쏟아지자 제조사인 마텔은 최근
몇 년 새 PC(Political Correctness, 정치적 올바름)에 부합하는 각종
바비들을 만들어왔다. 흑인·아시아인·히스패닉 등 인종은
물론, 우주 비행사와 컴퓨터 엔지니어 등 직업군도 다양해지
고 휠체어를 탄 바비까지 등장했다. 바로 이 점이 영화의 모
티브가 됐다.

영화 속 바비들은 자신들처럼 인간 여성들도 성별과 인종
에 상관없이 모든 영역에서 주류의 삶을 살 거라고 믿고 있
다. 그런데 웬걸? 바비가 미국 땅에 도착해 보니 대통령도 남
자, 대법관도 남자, 기업 이사진도 남자 일색인 데 충격을 받

는다. 놀란 건 바비뿐 아니라 덩달아 따라온 켄도 마찬가지. 곁가지 신세에 불과한 자신의 처지와 달리 인간 세계는 온통 남자들이 지배한다는 걸 발견하곤 바비 랜드의 전복을 시도하러 나선다. 과연 그 결과는 어찌 됐을까? 스포일링을 너무 많이 하면 안 될 테니 영화 설명은 이쯤에서 마무리하련다.

이 영화가 던지는 메시지는 분명하다. 바비 랜드에서 켄이 소외되는 게 문제인 것처럼 현실 세계에서도 여성들이 소외돼선 안 된다는 거다. 태생 자체가 인형 바비의 남자친구 용도로 만들어진 켄은 영화 속 바비 랜드에선 바비가 눈길을 주지 않으면 아무런 존재 의의가 없는 '근육 덩어리'로 그려진다. 그런 켄이 독립적이고 주체적인 역할을 맡아야 하듯, 인간 세상의 여성들도 바비 랜드의 바비들처럼 모든 영역에서 주도적인 삶을 살 수 있어야 한다.

이쯤에서 다시 발레 얘기로 돌아가보자면 발레는 여성들이 주도한다는 통념 탓에 취미 발레의 세계에서 남성들은 소수에 불과한 게 사실이다. 하지만 프로의 영역은 완전히 다르다. 20세기에 독보적인 남자 무용수들이 등장한 이후 발레리나 못지않게 발레리노의 활약이 두드러진다. 특히 '발레의 천재', '무용의 신'이라 불린 바츨라프 니진스키(Vaslav Nijinsky)는 중력을 거스르는 듯한 폭발적인 도약과 신들린 듯한 테크닉으로 발레리나의 보조적 역할로 밀려났던 발레리노의 위상을 단숨에 바꿔놓았다.

니진스키는 현재 발레리노들이 입는 타이즈 차림을 처음으로 시도한 걸로도 유명한 인물. 이전까지는 남성 무용수들이 타이즈 위에 반바지를 덧입어야 했는데 1911년 〈지젤〉 공연에서 알브레히트 역을 맡은 니진스키가 반바지를 과감하게 벗고 무대에 나섰다. 당시 외설 논란이 불거지며 그는 마린스키 극장에서 해고되고 말았다. 하지만 타이즈만 입는 것이 움직이기에도 편하고 아름다운 몸의 선도 잘 보여줄 수 있다 보니 이후로 이 차림새가 남자 무용수 사이에 널리 전파되었다.

어쩌면 발레가 여자들이 추는 춤이라는 고정관념 못지않게 타이즈 차림에 대한 거부감도 남성들이 취미 발레에 입문하는 데 장벽이 되지 않았을까 싶다. 그런데 공연이라면 모를까 적어도 학원에서 수업할 땐 그런 걱정은 하지 않아도 된다. 여자든 남자든 각자 자기가 편한 복장을 입고 하기 때문이다. 그러니 성별과 의상에 대한 해묵은 생각에서 벗어나 더 많은 남성들이 발레의 매력을 경험한다면 좋을 것 같다.

몇 해 전 국립발레단이 최전방 GOP에서 근무하는 국군 장병들에게 발레를 가르치는 프로젝트를 진행한 적이 있다. 발레와 군인이라니 이보다 더 어울리지 않는 조합이 있을까?

하지만 당시 보도된 영상과 기사를 찾아보면 이들은 발레 수업을 통해 군 생활의 스트레스에서 벗어나 스스로에게 집중하는 법을 배웠다며 진심으로 만족해하는 모습이었다. 장병들이 군대에서 입는 트레이닝복 차림으로도 플리에나 그랑 바트망은 물론 캉브레처럼 아름다운 발레 동작까지 표현하는 걸 보면서 잔잔한 감동마저 느꼈다.

부디 발레의 세계에서만큼은 여성도 남성도 소외되지 않기를! 성별·인종·연령 등 그 어떤 조건도 발레를 주도적으로 즐기는 데 제약이 되지 않기를!

나의 고양이
주주

○

pas de chat

(파 드 샤)

고양이의 점프와 유사한 동작. 고관절과
무릎, 발끝이 바깥을 향하도록 두
다리를 겹쳐 선 상태에서 한 발을 먼저
끌어올리고 연달아 다른 발도 끌어
올리며 도약한다. 공중에서 두 다리로
다이아몬드 모양을 만들고 착지하면 된다.

ℓ

　어린 시절을 떠올리면 가장 먼저 생각나는 친구가 바
로 번개다. 흰색 털을 가진 잡종견으로 동작이 마치 번개처
럼 빨라서 그런 이름을 지어줬다고 한다. 번개에 대해선 수
십 년이 지난 지금까지도 결코 잊을 수 없는 일화가 하나 있
는데, 이 얘기를 꺼낼 때마다 사람들은 도저히 못 믿겠다며
나를 거짓말쟁이 취급을 한다. 하지만 오로지 사실만 보도하
던 기자 출신으로 단언하건대, 한 점 과장 없는 진실이니 부
디 마음을 열고 읽어주시길.

　내가 일곱 살이 되던 해 이른 봄에 우리 가족은 신도림동
에서 효창동으로 이사를 하게 됐다. 아빠가 번개를 안고 이삿
짐 트럭의 조수석에 앉아 이동하던 도중, 그만 도로 한가운데
에서 열린 창문을 통해 번개가 뛰어내려버렸다. 워낙 순식간

에 벌어진 일인 데다 양옆으로 차들이 쌩쌩 달리고 있어서 아빠는 뒤를 돌아보며 속절없이 번개의 이름을 외치는 것 외엔 달리 아무 일도 하지 못했단다.

다른 차를 타고 먼저 새집에 도착해 있던 나머지 가족들은 상상도 못한 소식에 크나큰 슬픔에 빠졌다. "번개는 번개처럼 빠르니까 분명 달리는 차들을 피해서 어딘가 잘 살아 있을 거야." 눈물이 그렁그렁한 나를 달래는 아빠 말씀이 제발 맞기를 간절히 빌면서 하루 또 하루 시간이 흘러갔다.

그렇게 일주일쯤 지난 어느 날 밤, 퇴근길에 동네 약국에 들렀다 나오는 아빠의 바짓자락을 뭔가 잡아당기는 듯한 느낌이 들었다고 한다. 내려다보니 그건 바로 번개였다. 그동안 얼마나 고생을 했는지 바싹 마르고 꾀죄죄해진 번개가 있는 힘을 다해 입으로 바지 밑단을 물고 있었던 거다. 아빠는 번개를 꼭 안은 채 한달음에 달려오셨고 우리 집은 말 그대로 죽었던 식구가 살아 돌아온 것 같은 기쁨에 휩싸였다.

이후 번개는 우리 가족의 넘치는 사랑을 받으며 새끼도 많이 낳고 건강하게 지내다가 여러 해가 흐른 뒤 하늘나라로 떠났다. 번개가 살아 있는 동안 나는 번개가 말을 할 수 있기를 얼마나 소원했는지 모른다. "도대체 너는 한 번도 와본 적 없는 그 먼 길을 어떻게 찾아온 거니?" "개들끼리는 대화가 통해서 최근 이사 온 가족 못 봤느냐고 여기저기 연락이라도 돌린 거니?" "네 코는 소머즈(1970년대에 방영된 미국 드라마 속 초능력을 지닌 여주인공)의 귀와 같아서 멀리 떨어져 있는 아빠 냄새도 맡을 수 있었던 거니?" 여전히 풀리지 않는 엄청난 수수께끼를 남기고 간 번개는 내 인생에서 처음으로 마음을 나눈 동물 친구였다.

번개와의 애틋한 추억을 지닌 탓에 외동인 딸아이가 초등학교 입학 전부터 "강아지 키우자"고 졸라대는 걸 차마 거절하지 못했다. 마당에 풀어놓고 맘껏 뛰놀게 할 수 있던 예전과 달리 좁고 답답한 아파트에 가둬놓고 키워야 하는 게 안쓰럽기는 했다. 그래도 강아지를 동생처럼 예뻐라 하는 딸을 보면서 잘한 선택이라고 여기게 됐다.

문제는 일주일간 가족 여행을 떠나며 동네 동물병원에 맡겨 둔 강아지가 그만 숨져버린 거다. 의사 말로는 전날 퇴근할 때까지는 아무 이상이 없었는데 다음 날 출근하니 숨을 쉬지 않더라나. 너무 미안하다면서 동일한 품종의 강아지를 대신 줄 테니 데려다가 키우라는데, 나도 딸도 전혀 그럴 마음이 들지 않았다. 상처가 컸는지 이후 오랫동안 강아지의 '강'자도 꺼내지 않던 딸이 고등학교 진학을 앞둔 중학교 3학년이 되자 또다시 강아지 타령을 하기 시작했다. 입시다 뭐다

해서 친구들도 다들 바빠져 얼굴 보기 힘들어지니 부쩍 외로움을 느꼈던 모양이다.

깊은 고민 끝에 이번엔 고양이를 키워보는 게 어떠냐는 제안을 했다. 개와 달리 고양이는 사람에게 의존적이지 않아서 식구들이 출근하고 등교한 뒤에도 홀로 시간을 잘 보낸다는 얘길 들었던 터라 나름대로 타협안을 제시한 것이다. 딸은 대뜸 좋다며 어서 키우자고 성화를 부렸다.

하지만 문제가 있었다. 딸을 달래려고 엉겁결에 말을 꺼내긴 했으나 사실 난 고양이를 좋아하긴커녕 무서워하는 편이었다. 그 시절은 지금처럼 애묘 문화가 자리 잡기 훨씬 전이라 어디 가서 어떻게 고양이를 구해야 할지도 막막하기만 했다. 그래서 무작정 인터넷 검색창에 '세상에서 제일 예쁜 고양이'라는 키워드를 쳐봤다. 그나마 예쁘기라도 해야 정붙이고 키울 수 있을 것 같아서였다.

검색 결과로 처음 찾아낸 사진 속 고양이는 한눈에 보기에도 정말 미모가 빼어났다. 품종이 뭔지 살펴보니 '페르시안 친칠라'라고 쓰여 있었다. 그 길로 반려동물을 파는 대형 매장을 찾아가서 페르시안 친칠라를 보여달라고 했다. 주인은 새끼 고양이 여러 마리를 데려와 철창 안에 넣어주더니 제일 마음에 드는 녀석을 골라보라고 했다. 그런데 굳이 고르는 수

고를 할 필요가 없었다. 그 아이가 먼저 나를 선택했기 때문이다. 다른 고양이들이 올망졸망 자기들끼리 노느라고 정신이 팔린 가운데 오직 한 아이가 나를 향해 다가오더니 앞발을 철창 밖으로 내밀어 가만히 내 손을 건드렸다. 마치 "왜 이제야 왔어? 어서 같이 집에 가자"라고 말을 건네듯이. 그게 시작이었다, 주주가 우리 가족이 된 것은. 2007년 여름이었으니 벌써 17년 전의 일이다.

주주는 '공주공주'를 줄여서 내가 붙인 이름이다. 너무 예뻐서 공주라는 이름이 딱 어울리는데 아무래도 한 번으론 부족해서 두 번은 연달아 불러줘야 할 것 같았다. 주주를 만나고 난 뒤 고양이에 대해 시큰둥했던 생각은 온데간데없이 사라지고 나는 온통 마음을 빼앗겨버렸다. 대개의 고양이는 도도하고 기고만장해서 주인을 밥 주고 시중 들어주는 집사 취급한다는데 주주는 다정다감하기 이를 데 없는 아이였다.

소파에 앉아 책을 보고 있으면 살며시 다가와 내 무릎을 베고 잠이 들었고, 공부하는 딸아이 책상에 올라가 빤히 바라보며 교과서를 침대 삼아 누워 있기도 했다. 학교에서 돌아오는 딸과 직장에서 퇴근하는 나를 마중하는 것도 빼놓을 수 없는 일과였다. 야근하고 돌아오는 늦은 밤이면 딸아이는 깊이 잠들어 있어도 주주는 자다가 일어난 듯 눈을 가늘게 뜬 채 어김없이 현관 앞에 나와서 나를 기다려주곤 했다.

어디 그뿐인가. 또다시 사람들이 나를 거짓말쟁이 취급하게 만들었던 주주의 사랑스러운 면모 중 하나는 뽀뽀해달라는 말까지 알아듣는다는 것이다. 내가 "뽀뽀" 하고 입을 내밀면 주주는 귀찮아하는 기색 없이 이내 다가와서 입을 맞춰주었다. 이 얘길 하면 하도 안 믿는 사람들이 많아서 동영상을 찍어 페이스북에 올린 적도 있다.

딸아이가 독립하면서 함께 데리고 나가는 바람에 요즘은 이따금씩 얼굴을 보게 되는데, 내가 문을 열고 들어서면 변함없이 예전처럼 현관까지 나와 반겨준다. "많이 많이 사랑해 주주야. 그리고 나를 많이 사랑해줘서 고마워." 자주 보지 못하는 대신 만날 때마다 이렇게 애정 고백을 한다. 뽀뽀해달라는 소리도 알아듣는 주주이니 당연히 이 말도 알아들을 거라 믿으면서.

17년을 고양이와 한 가족으로 살아오다 보니 어딜 가나 고양이가 먼저 눈에 띈다. 무슨 물건을 하나 사도 고양이가 그려진 디자인이 저절로 손에 잡힌다. 눈치 빠른 소셜 미디어 알고리즘은 온종일 고양이가 등장하는 게시물을 내 피드에 띄워주느라 바쁘다. 지나가던 길고양이들마저 절대 나를 그냥 지나치지 않고 야옹야옹 인사를 건넨다. 요즘 내가 푹 빠져 있는 발레의 세계도 예외가 아니다. 어느 날 수업 도중 마침내 고양이와의 연결 고리를 발견했다. '고양이 스텝'이라는 뜻의 파 드 샤(pas de chat)를 배우게 된 것이다.

발레 하면 떠오르는 동물은 우아한 백조뿐이었는데 고양이의 움직임을 묘사하는 동작이 있다는 게 너무나 신기하고 흥미로웠다. 다른 점프는 늘 허덕허덕 힘들어하면서도 유독 파 드 샤를 할 때면 나도 몰래 얼굴에 미소가 지어지곤 한다.

그런데 곰곰 생각해보니 비단 파 드 샤뿐 아니라 발레는 고양이와 떼려야 뗄 수 없는 관계인 듯하다. 평소 주주를 보면서 놀라웠던 점이 자기 키의 몇 배나 되는 높이까지 가뿐하게 뛰어오르는 것이었다. 말 그대로 중력이 느껴지지 않는 점프라고 할까. 침대 위고 소파 위고 할 것 없이 뒷다리를 접었다가 펴면서 가볍게 날아올라 착지하는 걸 보며 늘 감탄을 금치 못했다. 마치 무게가 전혀 없는 것처럼 사뿐사뿐 점프하는 발레리나를 볼 때 느낌과 꼭 닮았다.

그러니 고양이 입장에선 발레를 대표하는 이미지의 동물로 백조가 첫손에 꼽히는 게 억울할 법도 하다. 흥미로운 건 그런 이미지를 굳힌 대표적 작품이라 할 〈백조의 호수〉 속에도 고양이 스텝이 연달아 나오는 장면이 있다는 거다. 이른바

'네 마리 백조의 춤'이라고 알려진 유명한 대목인데, 팔을 교차해 잡은 채 네 명의 발레리나들이 연속해서 파 드 샤를 한다. 고양이 스텝으로 춤추는 백조라니 정말 재미있지 않은가.

내친김에 발레와 관련된 얘기에서 빼놓으면 섭섭해할 또 하나의 동물을 언급하자면 바로 말이다. 발레엔 고양이 스텝 외에 말 스텝 즉, 파 드 슈발(pas de cheval)이란 동작도 있다. 어쩌면 고양이를 사랑하는 내가 파 드 샤를 알게 된 뒤 발레가 더 재미있어진 것처럼, 특별히 말을 좋아하는 분들이라면 파 드 슈발 덕분에 더 큰 흥미를 느낄지도 모르겠다.

아, 그런데 이 글을 마무리하려는 지금 이 순간 고양이와 발레의 공통점 한 가지가 또 떠올랐다. 그건 파도 파도 매력이 끝도 없이 나온다는 것이다.

에필로그

내 인생의
그랑 주떼는
이제 시작이다

"예리님이 저의 NPC(Non-Player Character, 게임에서 플레이어에게 다양한 이벤트나 콘텐츠를 안내하는 길잡이 캐릭터)예요. 그러니까 동작하다가 순서 잊어버리시면 저분 보고 따라 하시면 됩니다." 매달 초 기초반에 발레를 처음 배우는 신입생이 들어오면 J 선생님이 농담 반 진담 반으로 하시는 말씀이다. 내가 발레에 입문한 지 대략 7개월쯤 되었을 무렵부터다. 우리학원 발레 수업은 월초에서 월말로 가며 배우는 동작이 갈수록 어려워지고, 이렇게 익힌 비슷한 패턴의 동작을 매달 반복 연습하는 식으로 진행된다. 그러니 기초반에서 일곱 달 동안수련한 내가 이 과정에 갓 진입한 사람들보다야 순서를 더 잘 아는 게 당연지사.

다만 문제는 가끔씩 나조차 익숙한 동작과 순서를 틀리는 바람에 선생님 기대와 달리 NPC가 아닌 X맨이 되고 만다는 거다. 혼자만 틀리면 괜찮은데 나를 보고 따라 하던 여러 수강생들까지 덩달아 헤매게 만드는 셈이라 민망하기 짝이 없다. 그래서 신입생들이 있는 수업에선 더욱 더 정신을 바짝 차리고 순서에 집중하려고 기를 쓴다.

센터 연습 시간에 선생님께서 난도가 있는 동작을 가르쳐 주신 뒤, 한 사람씩 따라 할 때 제일 첫 순서로 나서는 것도 단골로 맡는 역할이다. 아무래도 여러 번 해본 내가 처음 배우는 수강생들보다야 나을 테니 일종의 시범 케이스로 앞장을 선다. 기초반에서 경험할 수 있는 점프의 끝판왕이라 할 그랑 주떼(grand jeté)를 배울 때도 그랬다. 그랑 주떼는 바닥을 박차고 올라서 하늘을 나는 듯이 높게 멀리 뛰는 점프다. 중력을 거슬러 날아오르는 듯한 발레리나·발레리노들의 멋진 사진 속에 등장하는 바로 그 동작이다. 대개 샤세(chassé, 앞발을 미끄러지듯 내딛고 뒷발이 쫓아가는 스텝) 등 도움닫기용 동작을 거쳐 앞다리를 던지듯 차고 뒷다리도 힘차게 뻗으며 뛰어오르는 게 정석이다.

하지만 처음 배울 땐 크고, 넓고, 높다는 뜻의 그랑(grand)

과는 거리가 먼 쩨쩨한 점프에 머무르고 만다. 무거운 몸은 좀체 뜨지를 않고 공중에서 다리가 일자로 찢어져야 하는데 고작해야 팔(八)자에 그친다. 그래도 수없이 연습을 거듭하니 조금씩 나아지는 중이다.

그런데 얼마 전 수업에서 첫 타자로 막 뛰려는 순간 선생님께서 "제대로 스트레치(다리를 쭉 펴라는 뜻) 한번 보여주세요"라며 부담을 확 주시는 게 아닌가. 다른 동작은 몰라도 아직 그랑 주떼는 먼저 나서서 시범 보일 수준이 결코 못 되는데 이런 말까지 듣고 나니 더 긴장이 됐다. 크게 심호흡부터 한 뒤 내가 할 수 있는 한 최대한 힘차게 뛰며 두 다리를 쭉 뻗으려 노력했다. 그 순간 "와!" 하는 수강생들의 탄성과 "굿!"이라는 선생님의 외침이 동시에 들려왔다. 아직 갈 길이 멀지만 적어도 그랑 주떼를 제대로 하는 법은 터득했나 싶어 뿌듯하기 그지없었다.

기초반의 장수 멤버가 되고 나니 왕초보 시절엔 생각도 못한 경험들을 하게 된다. 선생님들 칭찬을 듣고 다른 수강생들의 부러움을 사는 일도 벌어진다. 그 기분이 참 달콤해서 가능한 기초반에 오래오래 안주하고 싶다는 생각이 들었다. 그런데 얼마 안 가서 눈치가 보이기 시작했다. 선생님들께서 도대체 언제 상급반으로 넘어갈 거냐고 자꾸 채근하시는 거다. "계속해서 같은 루틴을 반복하면 발전이 없어요. 더 힘들고 어려운 동작을 배워야 실력이 늘 수 있다고요." 50대 중반에 발레에 입문하며 바닥까지 떨어졌던 자존감을 이제 겨우 회복하는 중인데 또다시 새로운 도전에 나서야 한다니! 한숨이 절로 나왔다.

'기본기를 잘 닦는 게 제일 중요해. 공연히 욕심내다가 나쁜 버릇이 생길 수도 있잖아. 그걸 고치느라 더 고생하게 될 수도 있어.' 그렇게 자신을 합리화하며 아무리 선생님들이 압박을 가해도 1년을 채울 때까진 꿈쩍 안 할 거라고 다짐했다. 그러다 문득 결코 적지 않은 내 나이가 켕겼다. 젊은 수강생이야 새털같이 많은 날들이 있으니 더디 가도 될지 모르지만 나는 사정이 다르다. 남들보다 출발이 한참 늦었으니, 관절이 더 이상 버티지 못하는 날이 오기 전에 하루빨리 기량을 향상시켜야 하는 게 아닐까 하는 생각이 든 거다.

더 미루지 않고 곧장 상급반에 도전해보기로 결심했다. 발레를 시작한 지 8개월 만에 처음으로 초급반 수업에 들어갔다. 그렇게 첫 수업을 마친 뒤의 소감은? '혹시나 했는데 역시나'였다. 기초반에서 모범생이자 우등생으로 꼽혔던 나는 졸지에 열등생 신세가 되고 말았다. 예전 왕초보 시절처럼 쉴 새 없이 옆 사람을 곁눈질하며 쫓아가기 바쁜 건 기본. 아무리 열심히 따라 하려 해도 팔 동작은 둘째 치고 발 동작도 제대로 못 해서 엉거주춤 서 있기 일쑤였다. 동작이 복잡하고 빠른 데다 기초반에서 전혀 접해보지 못한 플릭 플락(flic flac, 발바닥으로 바닥을 부드럽게 쓸면서 앞뒤로 턴하는 동작)처럼 낯선 동작들도 많았기 때문이다.

좀 더 실력을 쌓고 올걸 그랬나 하는 후회도 들었다. 하지만 그렇다고 다시 무르기는 싫었다. 약해 빠진 생각을 할 거면 애당초 어려운 발레는 왜 시작한 거냐고 스스로를 채찍질했다. 결국 해법은 연습뿐. 매번 수업에서 못 따라 한 동작들을 하나하나 집중 연습하기 시작했다. 플릭 플락만 해도 집에서 유튜브를 보며 일주일 넘게 날마다 연습했더니 겨우 몸에 익힐 수 있었다. 다음 수업에서 플릭 플락을 매끄럽게 해냈을 때의 성취감이란!

초급반에서 한없이 부족한 내 모습과 맞닥뜨리고 나니, 기초반에서 조금 잘하는 것에 자족하고 안주하려 했던 나 자신이 부끄럽기 짝이 없었다. 늦은 나이에 발레를 시작한 뒤 중도 포기하지 않은 것만으로도 엄청난 도전을 해낸 양 우쭐했나 보다. 초급반을 넘어 중급반, 고급반까지 아직 갈 길이 멀기만 한데 섣부른 성취감에 취해 있었던 거다. 다행히 용기 내어 상급반 수업에 참여하게 되면서 다시 한번 발레에 입문하던 당시에 품었던 초심을 되찾을 수 있었다. 거기다 나로선 상상도 못 할 수준의 도전에 성공한 남다른 인물을 인터뷰 기사로 접하며 또 한 번 자극을 받았다. 바로 현역 의사인 아마추어 발레리나 윤계진 씨 얘기다.

윤 씨는 의대 재학 시절 우연히 〈지젤〉 공연을 본 뒤 발레에 대한 동경을 품게 됐다고 한다. 그리고 대학을 마친 뒤 소아청소년과 의사로 일하며 결혼해서 두 자녀를 두었을 무렵, 그 동경을 실천에 옮기기로 결심한다. 나이 마흔이 넘어 독일로 발레 유학을 떠난 것이다. 4년간 뮌헨 인터내셔널 발레스쿨에서 10대 발레 지망생들과 함께 하루 5시간씩 강도 높은 수업과 훈련에 임했단다. 정작 프로 발레리나들은 은퇴할 나이에 윤 씨는 발레에 매진했다.

한국에 돌아온 뒤에는 국내 최초 성인 아마추어 발레단인 스완스 발레단에 입단했고, 2019년 이 발레단이 올린 〈지젤〉 공연에서 꿈에 그리던 지젤 역을 맡게 됐다. 학창 시절 처음 〈지젤〉을 본 지 근 30년 만의 일이다. 윤 씨는 인터뷰에서 "다들 발레를 하기엔 나이가 많아 불가능하다고 했지만 도전에 나섰다"면서 다른 이들에게도 "절대 링에서 내려오지 말라"는 메시지를 전하고 싶다고 했다. 나보다 10여 년 이른 나이에 시작했다지만, 그래도 중년에 접어든 뒤 발레를 배워서 발레단 공연의 주역까지 맡다니 정말 대단한 성취가 아닐 수 없다. 그게 얼마나 어려운지 속속들이 알기에 더 큰 박수를 보내주고 싶다.

내 주변에도 도전 의식을 일깨워주는 친구들이 여럿이다. '발치광이(발레+미치광이)'를 자처하는 회사 후배 S는 〈돈키호테〉에 나오는 키트리와 바질의 파 드 되(pas de deux, 2인무)를 콩쿠르에서 선보여 금상을 받았다. 공연 영상을 보니 턴이며 점프며 모든 동작이 나무랄 데 없이 매끄러울 뿐 아니라, 발랄하고 활기찬 키트리만의 감성을 잘 표현해냈다. 콩쿠르에 나갈 만큼 뛰어난 실력이 너무 부럽다고 하자 S가 이런 말을 했다. "콩쿠르에 도전하면 그걸 준비하는 과정에서 실력이 훨씬 더 향상돼요. 발레를 잘해서 콩쿠르에 나간다기보다는 더 잘하고 싶어서 계속 나가는 거죠. 그러니 선배도 발레를 시작한 만큼 꼭 콩쿠르에 도전해보세요."

그렇다. 아마추어니까 대충 해도 된다는 마음가짐으론 아무것도 이뤄낼 수 없다. J 선생님도 늘 말씀하신다. "취미 발레니까 못해도 괜찮다, 그런 것 없어요. 무조건 잘해야 돼요. 잘할 것도 아니면 왜 하는데요." 나도 지금보다 더 잘하고 싶은 마음이 간절하다. 초급반에 진급한 건 시작일 뿐 앞으로도 끊임없이 새로운 도전에 나서야 한다. 내가 정한 다음 목표는 작품반 수업에 참여해보는 것이다. 동경하는 발레 작품 속 춤을 제대로 경험해보고 싶기 때문이다.

10여 년 전 마흔을 훌쩍 넘긴 나이에 방송에 뛰어든 것 역시 도전 의식이 없었다면 불가능했을 일이다. 새로 만들어질 방송사에 합류하지 않겠느냐는 제안을 받던 당시, 나는 신문기자가 된 뒤 오랫동안 꿈꿔왔던 논설위원으로 일하며 성취감을 만끽하고 있었다. 잘한다고 인정받는 자리에서 안주하고 싶은 마음과 더 늦기 전에 가보지 않은 길에 뛰어들고 싶은 마음 사이에서 줄타기하다 결국 후자를 선택했다. 그리고 이후로 방송에서 보낸 13년은 그야말로 무(無)에서 유(有)를 창조하는 도전의 연속이었다. 방송의 'ㅂ'도 모르던 내가 작은 것부터 큰 것까지 하나하나 배워가며 뉴스를 만들고, 시사교양 프로그램을 제작하고, 나중엔 디지털 콘텐츠까지 섭렵하게 됐으니 말이다.

거기다 국내 방송에선 더없이 희귀한 존재인 중년의 여성 앵커가 된 것 역시 망신의 위험을 무릅쓰고 사내 오디션에 도전한 덕분이었다. 개국 초기 앵커 재목들을 선발한다며 대대적인 오디션이 열렸고, 공정한 기회 보장을 위해 여기서 선발

된 이들을 우선 발탁하겠다는 방침이 발표됐다. 재능 있는 후배들의 참가 소식이 속속 들려오는 가운데 나는 고민에 빠졌다. 박수 치며 지켜보고만 있을 것인가, 아니면 한 걸음 더 앞으로 나아가볼 것인가.

이때도 나는 도전의 길을 가보기로 했다. 부장급 이상 간부 중에선 유일한 참가자였다. 오디션 당일 무대에 서니 심사위원석에 선배는 물론 후배들이 여럿 앉아 있는 게 보였다. 민망함을 덜기 위해 애써 미소 지으며 유머 섞인 인사말을 던져 봤다. "안녕하세요, 오디션 최고령 참가자 신예리입니다. 잘 부탁드립니다." 내심 화기애애한 반응을 기대했는데 심사위원들은 '엄근진' 표정을 전혀 풀지 않은 채 "시키는 미션이나 잘 하세요"라고 대꾸하는 게 아닌가. 그 말에 긴장감이 배로 몰려왔지만 심기일전해서 최선을 다해 주어진 예문을 읽고, 돌발 상황에서 대본 없이 뉴스를 진행하는 미션을 마쳤다. 결과는 3등. 1등부터 3등까지 뽑는 오디션에 턱걸이로 합격한 것이다. 40대 중반에 다양한 프로그램의 진행자로 활동하게 된 첫 단추는 그렇게 꿰어졌다.

돌이켜 보면 발레도, 방송도 도전하는 길을 선택한 게 얼마나 잘한 일인지! 만약 작은 성취에 만족하며 그 자리에서 안주하는 쪽을 골랐다면 지금의 나는 없었을 테니 말이다. 내 경험만으로 미뤄봐도 도전하기에 너무 늦은 때라는 건 없다. 그러니 부디 나이를 핑계로 안온한 현재에 마냥 머무르지 말기를. 고여 있는 물은 썩기 마련이니 끊임없이 앞으로 나아가기를! 그렇게 하루하루 치열하게 노력하다 보면 언젠가 지금보다 더 멋지게 바닥을 박차고 공중으로 더 높이, 더 멀리 날아오를 수 있을 것이라 믿는다. 우리 인생의 그랑 주떼는 이제부터 시작이다.

　　미리미리 인생 2막을 준비해야 한다는 얘기를 귀에 못이 박히도록 들었습니다. 저처럼 회사 일에만 올인해서 살다가는 퇴직 후에 영락없이 후회하게 될 거라고요. 하지만 훗날을 염려하며 주위를 두리번거리기엔 해야 할 일이 너무 많았고 그 일을 진심으로 사랑했습니다. 그렇게 오롯이 현재에만 충실했던 저에게 느닷없이 멀게만 느껴졌던 미래가 찾아왔습니다. 오랫동안 귓전으로 흘려들었던 우울한 예고가 현실이 될 참이었지요.

　　아무런 준비 없이 맞게 된 두 번째 삶을 발레와 함께 시작한 건 축복이었습니다. 난생처음 접하는 몸짓을 하나하나 몸에 익혀나가면서 오래전 사회에 첫발을 내딛던 무렵의 설렘과 열정이 되살아났습니다. 새로운 세계를 온몸으로 껴안으며 주체할 수 없이 차오른 감상을 담아낸 것이 바로 이 한 권의 책입니다. 내내 열병이라도 걸린 듯 달뜬 채 원고를 써내려 가면서 이제 과거가 된 현재와 아름답게 작별하고, 현재가 된 미래를 벅차게 맞이할 수 있었습니다.

치열하게 일해온 33년과 행복하게 춤춰온 1년이 고스란히 담긴 이 책은 그 시간을 저와 함께해준 분들에 대한 감사의 기록이기도 합니다. 먼저 늦어도 너무 늦게 발레에 입문한 저를 열과 성을 다해 지도해주시는 김현우 선생님과 조성은 선생님, 고맙습니다. 두 분이 포기하지만 않으신다면 저도 언제까지든 끝까지 춤춰볼까 합니다. 기꺼이 저와 발레의 즐거움을 나눠준 수진·왕요·정원·지윤 님 등 여러 발레 친구들에게도 깊은 감사의 마음을 전합니다. 따뜻하고 세심한 친구들의 배려 덕분에 발레를 더 좋아할 수 있게 되었습니다.

또한 이 지면을 빌려 오랜 시간 동안 일터에서 저와 손잡고 산전수전에 공중전까지 치러냈던 수많은 선후배들께도 온 마음을 담아 감사드립니다. 여러분이 베풀어주신 분에 넘치는 지지와 사랑이 저를 휴가보다 일을 더 좋아하는 이상한 사람으로 만들었습니다. 온갖 풍파를 겪어내고도 제가 여전히 사람 좋아하는 사람으로 남게 된 것 역시 온전히 여러분 덕분입니다.

마지막으로 세상이 무너진다 해도 의지할 수 있을 것 같은,

사랑하는 우리 가족에게도 고맙다는 말을 하고 싶습니다. 늘 든든한 버팀목이 되어 주시는 부모님, 누구보다 열렬히 응원 해주는 딸 지현에게 앞으로도 자랑스러운 모습을 보일 수 있게 노력할 거라는 굳은 약속을 드립니다. 그러니 지금처럼 늘 건강하고 행복하시길!

무려 14년 만에 다시 책을 쓰는 일은 즐거우면서도 동시에 힘겨운 작업이었습니다. 지난 몇 달 동안 홀로 자판 앞에서 씨름하는 저를 끊임없이 격려하고 때론 조련하면서 최선의 원고가 나오도록 이끌어준 편집자 정다이 님, 권은경 님께도 감사 인사를 전합니다.

그리고 장차 제게 정말 소중한 이 책을 펼쳐 읽어주실, 제가 꺼내 놓은 삶과 춤에 대한 소소한 이야기에 귀 기울여주실 독자님들께도 진심으로 고맙다는 말씀드립니다. 부디 이 책이 여러분께 아주 작은 영감이라도 선물할 수 있다면 더없이 기쁘겠습니다.

2024년 3월
저자 신예리 드림

발레를 배우며
생각한 것들

초판 1쇄 발행 2024년 3월 15일

지은이 신예리

발행인 이봉주 **단행본사업본부장** 신동해
편집장 김예원 **책임편집** 정다이 **진행** 권은경
디자인 최희종 **본문 일러스트** 레나(이혜실)
마케팅 최혜진 신예은 **홍보** 송임선 **제작** 정석훈

브랜드 웅진지식하우스
주소 경기도 파주시 회동길 20
문의전화 031-956-7362(편집) 031-956-7087(마케팅)
홈페이지 www.wjbooks.co.kr
인스타그램 www.instagram.com/woongjin_readers
페이스북 www.facebook.com/woongjinreaders
블로그 blog.naver.com/wj_booking

발행처 ㈜웅진씽크빅
출판신고 1980년 3월 29일 제406-2007-000046호

© 신예리, 2024
ISBN 978-89-01-28066-0 03190